행복 하려면
성공 하지 마라

행복 하려면
성공 하지 마라

페터 오르토퍼 지음 | 장혜경 옮김

㉾대원사

독자들에게 --

한 권의 책이 수천 명의 말 재주꾼들보다 많은 말을 한다.
—속담

　오늘날 사람이라고 하면 19~49세까지의 지불 능력을 갖춘 그룹만을 일컫는다. 이들이야말로 광고가 가르치는 인생의 진정한 가치, 즉석 요리와 검은 슬립 그리고 고상한 향기를 풍기는 아로마 테라피에 열광할 수 있는 사람들이기 때문이다.

　19세 이하의 생명체들을 청소년이라 부른다. 그런데 이들이 무시를 당하는 건 다 자기들 탓이다. 날이 갈수록 그 숫자가 줄어들고 있기 때문이다.

　50세가 넘은 생명체들을 이따금씩 '어른'이라는 호칭으로 불러 주지만 알고 보면 전혀 그렇지가 않다. 현대 사회가 아직 이 늙은 짐 꾸러미들을 철저히 내던져 버리지 않는 이유는 그나마 가끔씩 국민 경제 차원에서 쓸 데가 있기 때문이다. 늙어서 쉰 목소리도 수상이나 교회, 치과에선 필요하다. 하지만 이런 긍정적 효과에 눈이 멀어 노화의 기본적인 비사회적 경향을 무시하고 넘어가서는 안 된다. 노인들은―아마 마늘 환약이나 비타민을 자제 못하고 마구 먹어 대서 그런 것 같은데―자꾸만 늙는 아주 안 좋은 특성을 갖고 있다. 덕분에 그 사이 선진국들은 계속 높아 가는 노인들의 산 위에 자리를 틀고 앉아 있는 꼴이 되었다. 교통 사고나 화재 등 기존의 방법으로는 도저히 허물어뜨릴 수 없는 산이다. 버터나 돼지고기 튀김 같은 문명의 과잉 상품들은 공장도 가격으로 동구권이나 아프리카로 보내 버릴 수 있는데 유독 '노인들을 제3세계로!' 운동은 좀처럼 활성화되지 않고 있다. 혜안이 있는 사람들은 벌써 오래전에 이런 노년 인구의 증가 추세를 예상했건만 유독 정치가들만이 이들의 끈질긴 생명력에 뒤늦게 놀라고 있다. 당연히 사회 안전망은 제 기능을 발휘하지 못하고, 그 적자를 메우려면 다른 망이 있어야 한다. 때문에 정치가들은 광고 회사와 그들과 연계된 TV 방송국이 날로 확고한 뿌리를 내리고 있는 현상에 진심으로 기뻐하고 있다. 광고가 설파하는 메시지는 단 하나, 이 세상엔 19~49세 사이의 인간밖에 없다는 것이다. 어쨌든 고급 화장지나 외국 투자 펀드에 물 쓰듯 돈을 퍼부을 수 있는 사람들

5

이니까. 그것 말고 미래에 더 필요한 것이 뭐가 있겠는가? 그 외의 성가신 국민들에게 할 말은 딱 두 마디뿐이다. 썩, 꺼져!

하지만 이 책은 다르다. 인간 같지 않은 인간일지라도 무조건 인간이라고 부른다. 젊건 늙건 간에 이 책에선 모든 사람들이 소외감을 느끼지 않아도 된다. 심지어 흡연자나 실업자, 여성 같은 이 사회에서 등한시 되는 주변 그룹들조차도 소외감을 안 느낄 것이다. 심지어 담배를 피우고 직업도 없는 여성조차도! 문맹인에게도 권리를 돌려주는 차원에서 이 책 곳곳에 공란을 삽입해 두었다.

이런 혁신적인 발상은 더도 덜도 아닌 오로지 이 책을 최대한 많은 사람들이 읽도록 하겠다는 저자의 진솔한 의도에서 나온 것이다. 비열한 방법으로라도 이윤을 내겠다는 욕심 때문이 아니다. 절대 아니다. 이 책에 담겨 있는 하나의 메시지 때문이다. 물론 전혀 눈에 띄지 않게 잠재된 의식 속으로 밀고 들어가기 때문에 아주 예민한 독자들만 깨달을 수 있는 메시지다. 하지만 다른 사람들도 언젠가는 무엇을 읽었는지 알고 있노라고 당당히 주장할

수 있도록 해 주기 위해 우리는 혹시나 하는 마음에서 그 메시지를 이 책에
똑똑하게 인쇄해 두었다. 그 메시지는 바로 이러하다.

  "삶이 그대를 무엇으로 만들었건 늦지 않았다. 인생에서 무언가를 길러
내라!"

— 페터 오르토퍼

차 례

1854년 그는 처음으로 파리 카퓌생 거리에 가게를 열었고, 얼마 안 있어 '트렁크의 왕(Le roi des Bagages)'[1]이라는 전설적인 명성을 획득했다. 그날 이후 전세계의 미인들과 부자들이 그의 가게로 몰려들었다. 비록 그의 애칭이 '불량배들의 왕'으로도 번역될 수 있었지만, 다행스럽게도 사람들은 'Bagage'를 트렁크로 번역해 주었다. 덕분에 상류 사회는 안심하고 루이 뷔통을 자기 편이라고 생각할 수 있게 되었다.

뷔통 가문은 일찍부터 비싼 상표가 필요하다는 사실을 간파했다. 1896년 조르쥬 뷔통은 그의 아버지의 머리글자인 L, V를 사용한 독창적인 모노그램 캔버스(Monogram Canvas)[2]를 세상에 내놓았다. 요즘 아시아에 워낙 정교한 가짜들이 많아서 진짜와 잘 구별되지 않지만 어쨌든 그의 제품 중에는 상상력이 일구어 낸 위대한 열매라고 부를 만한 모델들이 한두 가지가 아니었다.

그 중 유명한 '노에(Noé)'는 1932년 샴페인 병을 운반하기 위해 개발했던 것이 오랜 세월 우아한 숙녀들의 가방으로 이용됐다가 요즘에 들어 뷔통이 고급 샴페인 브랜드를 합병하면서 원래의 용도로 사용할 수 있게 되었다. 그 이후 회사 이름은 루이 뷔통 모에 에네시(Louis Vuitton Moet Hennessy)가 됐고 국제 고가 브랜드들을 계속 합병해 가는 대기업으로 성장했다. 덕분에 창업자가 제일 큰 트렁크에다 보관했던 현금보다 훨씬 더 많은 돈을 벌어들이고 있다.

그의 성공 비결: 이니셜

---

1) 당시 반원형이던 트렁크 뚜껑을 몇 개라도 쌓아 올릴 수 있도록 평평하게 만들어 큰 인기를 모았다.

2) 모조품이 성행하자 1896년 루이 뷔통의 아들 조르쥬 비통은 아버지의 이니셜 LV와 꽃과 별의 무늬를 계속 반복해서 조화시킨 모노그램을 창안하였다. 이 모노그램 캔버스는 1백년이 지난 오늘날까지도 루이 뷔통 고유의 이미지로 이어져 오고 있다.

성공은 돈 주고 살 수 있다

예언자가 나보다 멀리 내다본다고 누가 보증할 수 있는가?
—소포클레스(Sophocles)

우리는 아주 특이한 시대에 살고 있다. 문명화된 인간의 90%가 인생의 의미는 재미에 있다고 생각한다. 그 나머지 10%는 성공이라고 생각한다.

앞의 것이나 뒤의 것이나 틀리기는 매한가지다. 그런데 이 둘은 서로를 기가 막히게 보완해 준다. 한 쪽에서 재미를 찾을수록 다른 쪽에서는 그에 필요한 도구를 신나게 만들어 팔아 돈을 벌 수 있으니 성공할 기회는 그만큼 많아지기 때문이다. 또 성공은 재미보다야 힘이 들겠지만 반드시 권력이나 돈, 섹스 같은 고통을 감내하고도 남을 만한 대가가 따라온다. 그리고 그런 대가가 다시 재미를 주게 되어 있다.

이런 확신에도 불구하고 인생의 의미는 언제나 미결의 문제로 남는다. 신이니, 왕이니, 조국 따위의 맹목적인 목표가 인생의 의미가 되던 시대는 지난 지 오래다. 의미와 목표가 없으니 사람들은 불안하다. 쾌락을 추구하는

13

사회의 광대도, 업적 지상주의 사회에서 출세한 사람들도 과연 하룻밤의 쾌락이나 맨 꼭대기 층의 자기 혼자 쓰는 사무실로 존재의 정당성을 입증할 수 있을지 문득문득 의심이 치밀어 오른다.

하지만 삶의 의미를 묻는 질문에는 대답이 없다. 설령 대답이 있다 해도 누구의 머리에서도 그 대답은 떠오르지 않을 것이다. 어쨌든 재미 하나만으로는 삶의 의미를 찾을 수 없다. 성공 하나만으로도 안 된다. 그렇다면 성공을 해서 얻게 되는 재미는? 글쎄 이 정도는 괜찮지 않을까? 적어도 다른 생각을 한번 해 볼 수 있는 가능성은 제공하지 않을까?

오늘날 성공의 유혹을 뿌리칠 수 있는 사람은 거의 없을 것이다. 눈만 뜨면 널려 있는 게 성공 비법인데 어떻게 이 행복과 부와 출세를 보장한다는 성공 비법을 시험해 보지 않고 견딜 수 있겠는가! 웬만한 정신력과 의지력이 아니면 세상의 유혹에 손이 근질거리고, 입이 근질거려서, 그야말로 발버둥을 치지 않는 이상 참고 버티기가 쉽지 않다.

요즘에는 너도 나도 나서서 성공 비법들을 전수하겠다고 난리들이다. 하다못해 백화점 문화 센터의 강연 제목에까지 '성공'이 밀고 들어간 지 오래다. 성공 창업의 길잡이, 디지털 성공 워크숍, 성공 화술, 취업 성공 전략 등등. 그래도 이 정도는 봐줄 만하다. 심지어 자녀의 성공 습관 만들기, 자녀 교육 성공 비법 등 자녀 교육은 물론, 꽃꽂이, 퀼트까지 성공이란 말이 안 들어가면 장사가 안 된다고 한다.

그보다 약간 비싼 고급 메뉴들도 있다. 특별히 간부급 인사들을 위해 마련된 연수 과정이나 리더십 세미나가 바로 그것이다. 그런 곳에 가면 팀워크나 책임감, 부하 직원 사기 진작법은 물론, 구두끈 매는 법까지 가르쳐 준다.

그래서 많은 사장님네들이 가격은 생각하지도 않고 직원들을 닥치는 대로 그런 세미나에 보낸다. 직원들을 자꾸 그런 데 보내면 회사에 큰 이득이 날 거라는 막연한 희망에 잔뜩 부풀어서 말이다. 사실 그런 절망의 몸짓에는 눈물 날 정도로 현실적인 배경이 있다. 오랜 연구 끝에 밝혀진 통계에 의하면 독일 리더들은 근로 시간의 45%를 전혀 비생산적인 일로 보낸다고 한다. 오스트리아의 경우 그 수치가 심지어 50%에 육박한다. 가장 놀라운 건 독일식 철저함과 오스트리아식 대충대충이 불과 5%밖에 차이가 안 난다는 사실이다. 이들 두 민족이 정말 이렇게 가까운 사이였단 말인가?

이 수많은 연수 프로그램과 세미나 따위들이 정말로 돈 들인 만큼 경제성이 있는 것인지는 아직까지도 미지수다. 그런데도 싫다는 직원들을 억지로 그런 곳에 보내는 새디스트 사장들은 우리 주변에 어디든지 있다. 부하직원들에게 채찍질을 하거나 사자 밥으로 던져 주던 풍습은 고대 로마시대와 더불어 완전히 종적을 감추었지만 새디즘은 여전히 살아남았기에 사장들은 언제라도 직원들을 사나흘씩이나 걸리는 고문 코스에 보낼 마음의 자세가 되어 있는 것이다. 어차피 지금까지의 인생도 주로 고아원이나 정신병원, 감옥 등의 감금 시설에서 보낸 사람이라면 그까짓 며칠 정도야 눈썹도 까딱 안 하겠지만 성정이 예민하거나 여린 현대인들, 특히 지금까지 제법 성공했다고 자부하고 있던 중년이라면 그야말로 블랙홀에 빠진 심정일 것이다.

아니, 굳이 여린 성정까지 들먹일 필요도 없다. 성공에 목을 매거나 인생의 쓴맛 단맛 다 본 사람들일지라도 그런 곳에 가면 왜 자기들이 지금 팀워크로 무장한 이런 연수 프로그램에 참가해 생전 처음 보는 사람들과 멀뚱멀

15

뚱 마주앉아 있어야 하는지, 그것도 모자라 왜 진실 게임을 하고 "어머니!"를 외치며 높은 훈련탑 위에서 뛰어내려야 하는지 도저히 이해할 수 없을 것이다. 그렇게만 하면 정말 자동차 생산 분야에, 유리섬유 케이블 판매에 새로운 차원을 열 수 있단 말인가?

하긴 따지고 보면 그런 세미나도 해로울 건 없다. 대부분 쓸 만한 시설의 호텔이나 도심을 벗어난 한적한 연수원에서 열리니까 며칠 놀러 온 셈 치면 그뿐이다. 물론 다른 회사 사장님에 비해 실험 정신이 조금 더 투철하신 사장님의 경우 부하 직원들을 2주일 일정으로 이글루나 정글 탐험 프로그램에다 보내 버릴 수도 있겠다. 정글에 가서 덩굴식물 500그램과 개구리 두세 마리로 하루를 버티면서 극기 훈련을 해 보라고 말이다. 이 험난한 비즈니스 세상에서 성공하려면 지도자의 자질과 투철한 목표 의식, 그리고 강인한 몸과 마음이 필수적이니까.

문제는 세미나를 마치고 돌아와서이다. 어이없게도 주어진 임무를 무사히 마치고 귀환한 우리의 역전의 용사들은 그 다음날로 모조리 해고감이다. 그 이유는 첫째, 슬픈 현실이지만 그들이 없어도 회사가 기가 막히게 잘 돌아간다는 사실이 이미 입증되어 버렸다. 둘째, 세상에 어떤 사장이 그런 멍청한 극기 훈련을 제안했는데도 두말 없이 "네" 하고 가방을 꾸리는 직원을 좋아하겠는가.

그러니 결국 리더십 세미나를 한마디로 거절한 딱 한 사람만이 사장님의 적극 지원에 힘입어 승진의 급물살을 탈 수 있다. 아무리 정글이 좋아도 사장님의 서류 가방을 들어줄 한 사람쯤은 있어야 할 것 아닌가. 그리고 서류 가방을 들어주는 것, 그것이 바로 비즈니스 세계의 강인함인 것이다.

성공 비법을 배우기 위해 굳이 멀리까지 찾아다닐 필요는 없다. 성공의 선지자들은 우리 주위에도 얼마든지 있으니까. 순회 강연 중인 선지자들은 회의실과 강연장을 가리지 않고 아무 데서나 침을 튀기며 설교를 한다. 연봉 문제를 주제로 삼는 날이면 평소 있는 둥 마는 둥 기죽어 지내던 인간들까지 수백 명 앞에서 바보처럼 고함을 질러 댄다. 그런 장소라면 환호성을 지르며 동지들과 어깨동무를 해도 좋고 연사의 지시에 따라 큰 소리로 울부짖어도 된다. 이렇게 말이다.

'나는 할 수 있다! 나는 할 수 있다! 반드시 해내고 말 것이다!'

혹시 그 전에 미리 발을 깨끗하게 씻었다면 대미를 장식하는 차원에서 깨진 유리 조각이나 이글거리는 석탄 위를 걸어 보는 것도 좋겠다. 행사 요원들은 어떻게 하면 분위기를 띄울 수 있는지 아는 사람들이니 참가자들에게 유리 조각 위를 걸으라고 시켜 놓고 자기는 느긋하게 서서 "믿습니까?" 하고 자꾸 묻기만 하면 된다. 그 말 한마디면 그야말로 강연장은 '내일 지구가 무너져도 나는 오늘 교주님에게 돈을 바치리라!' 같은 들뜬 분위기가 된다.

하긴 이들 위대한 선지자들에게도 나름의 고충은 있다. 자신의 입에서 나온 진리가, 자신이 만든 행복과 성공에 대한 이론이 유일하게 옳은 것이라는 사실을 입증하기 위해 엄청난 노력을 해야 하니까 말이다. 특히 요즘 들어 선지자들의 숫자가 효모 넣은 빵처럼 하룻밤 자고 나면 두 배, 세 배로 부풀어 오르고 있는 실정이니 그 압박감이 어떨지 짐작이 간다.

물론 이 분야에서도 진지한 시도는 있다. 플로리다가 그 대표적인 실례이다. 그곳에 가면 72시간 동안 자신의 신체적, 정신적, 영적 에너지를 올바르게 통제할 수 있다고 한다. 그래서 에스티 로더, 글락소 스미스 웰컴 같은 대기업들도 한 사람 당 3,000달러라는 엄청난 경비를 지불하면서까지 간부급 사원들을 그곳으로 보내고 있다. 확실한 이유가 없다면 그만한 비용을 들이겠는가. 물론 차라리 그 돈으로 술을 퍼마시는 편이 더 낫겠다 싶은 어리석은 인간들도 있다. 하지만 정반대로 몇 시간 동안 자기 안에 푹 빠지고 나면 얼마 전 한 유명한 미국 영화 감독이 했던 말처럼 의미심장한 말을 내뱉을 수준에 이를 수도 있다.

"두려움과 분노와 좌절은 여러분 일의 능률을 높여 주지도 못할 뿐 아니라 다른 사람에게도 도움이 되지 않습니다."

솔직히 말해 이 정도의 문장들은 고대 그리스 철학자들의 입에서 다 나왔던 것들이다. 하지만 요즘은 고대 철학자들의 말들을—실례가 되는 말씀이지만—다들 귓등으로도 듣지 않는다.

오히려 작가들이 더 유행을 타고 있다. 윌리엄 셰익스피어만 집중 연구하는 성공 트레이닝도 생겨날 정도이니까 말이다. 모두가 알고 있듯이 셰익스피어는 작품을 통해 빅 비즈니스의 극과 극을 탐색한 거장이다. 『햄릿』은 덴마크 왕권의 적대적 인수를, 『로미오와 줄리엣』은 경솔한 합병의 치명적 결과를 그리고 있으니 말이다.

'화를 내면 건강에 좋다! 는 성공 이론도 있다. 그러니까 계속 상사한테 투덜거리는 사람은 비싼 돈 들여 따로 트레이닝을 받지 않아도 확실하게 출세할 수 있다는 것이다. 화낼 이유를 못 찾겠거든 다른 전략을 구사하여 혼자서 약간 괴로워해 보는 것도 좋다. 애수(哀愁)의 심연을 거닐어 보는 것도 아주 멋진 인간이 될 수 있는 지름길이니까 말이다.

또 하나 간단한 신체 훈련을 통해서도 성공이 가능하다. 한 번은 오른쪽

콧구멍으로, 또 한 번은 왼쪽 콧구멍으로 숨 쉬는 법을 배우고 나면 원하는 능력을 극대화할 수 있단다. 왼쪽은 창의력을 자극하고 오른쪽은 논리력을 자극한다니 말이다. 아니, 오른쪽이 창의력이었던가? 어쨌든 감기 들어 코가 막히면 이것도 저것도 다 소용이 없다는 것은 분명하다.

창의력도 논리력도 없고 그저 가진 거라곤 튼튼한 두 다리밖에 없다면? 그래도 절망할 이유는 없다. 다른 방도가 없을 때는 그저 열심히 달리기만 해도 된다. 달리기는 창의력을 북돋아 주고 성공을 도와 주는 지름길이니까!

인생사가 모두 그렇듯 수천 가지 방도가 있어도 나한테 딱 맞는 것을 골라내기란 쉽지 않다. 제아무리 훌륭한 재능을 타고난 사람이라 해도 자신의 인생을 바꿔 줄 수 있는 진짜 성공의 비결은 사용도 못했을 수 있다. 윈스턴 처칠은 피터 유스티노프(Peter Ustinov)[1]와는 절대 경쟁하지 않고 로트실트 가문(Rothschild Family)[2]은 콧구멍으로 숨쉬는 법 따위는 아예 무시했다. 빌 게이츠가 불타는 석탄 위를 걸어 다녔다는 소문은 들은 바 없고 워런 버핏(Warren Buffett)[3]이 유리 조각 위에서 춤을 춘다는 것은 상상할 수도 없다. 물론 월마트의 월튼 가문 중 누구도 남극의 이글루에서 극기 훈련을 받은 적이 없으며, 심지어 엘리자베스 여왕도 그런 짓들을 한 적이 없다. 영국에서

---

1) 1921~2004. 영국의 영화 배우이자 감독. 영화 「쿠오바디스」에서 네로 황제로 열연했다. 국제연합아동기금의 친선 대사로 일하기도 했으며, 1990년에는 기사 작위를 받았다.

2) 유럽에서 가장 유명한 은행가 가문. 이 가문의 창시자는 암셀 로트실트로 프랑크푸르트의 한 은행에서 출발해 1820년대에는 런던, 파리, 빈, 나폴리에 지점을 둔 국제 은행가로 성장했다. 약 200년 동안 유럽 경제뿐 아니라 정치사에도 커다란 영향을 끼쳤다.

3) 20세기 최고의 증권 투자가. 투자전문회사 버크셔 해서웨이의 대주주로 빌 게이츠 다음으로 세계 2위의 갑부다.

두 번째 부자 여성으로 밀려나면서 한 번쯤 그런 훈련의 필요성을 절감했을 텐데도 말이다.

하지만 규칙의 정당성을 입증해 주는 예외란 늘 있기 마련이다. 진정한 자본가들은 앞에서 설명한 그런 유치한 성공 트레이닝 따위에 몸을 맡기지 않는다. 차라리 그 시간에 골프를 친다. 현대의 비즈니스 세계는 너무 힘들고 가혹하기 때문에 밀림을 헤치면서 개구리를 잡아먹지 않아도, 바늘 박힌 침상 위에 올라가 명상을 하지 않아도 이미 충분히 괴롭고 힘들다고 생각하기 때문이다. 하긴 자본주의의 대가들이라면 그렇게 가볍게 골프나 치고 있어도 될 것이다! 하지만 우리 초보자들이야 어디 그런가. 기댈 만한 곳도 없는데 그 따위 성공 전략이라도 알아 두어야 하지 않겠는가?

그렇다고 너무 걱정할 필요는 없다. 세상에 널리고 깔린 게 성공 트레이닝과 세미나니까. 또 설사 그런 세미나에 참가하지 못한다고 해도 절망할 필요는 없다. 선지자들은 책을 통해 자기만 알고 있는 각종 지식과 정보를 제공해 주고 있으니 그냥 슬리퍼 질질 끌고 트레이닝복 차림으로 동네 서점에 가서 책 몇 권만 사 가지고 오면 된다. 또 책을 샀다고 해서 반드시 끝까지 다 읽어야 한다고 생각하면 오산이다. 학창 시절 다 해 봤겠지만 책을 몽땅 외우는 데에는 책을 찢어서 씹어 먹는 방법이 그저 최고니까 말이다.

모바일 세상

이성을 갖춘 인간이여, 결국 죽음 말고 무엇을 더 찾을 수 있단 말인가?
—네자미(Neẓāmī)[1]

미신이라고 하면 대부분의 사람들은 추나 쌀, 부적, 타로 카드 같은 걸 먼저 떠올린다. 하지만 적어도 현대인이라면 구시대 사람들하고는 뭔가 달라야 한다. 그런 야릇한 도구 없이도 현대인들이 미신적인 것에 대한 믿음을 유지할 수 있는 비결, 그것은 바로 초현대식 기계들이다.

이들 초현대식 기계들은 기능만 두고 보자면 부적이나 수정구슬, 차 잎사귀와 다를 것이 없지만 이상하게도 실제 기능 이상으로 높은 평가를 받고 있다. 얼마 전까지만 해도 도저히 헤어나지 못할 마력을 풍기는 애호품들은 주로 발리(Bally)[2] 지사에서 나오는 수공예품이나 비기니로 가린 자연의 생산품

---

1) 1141~1209년. 페르시아의 시인. 아제르바이잔의 간자 출생으로 송시인(頌詩人)은 아니었으나 「아타베크 조의 일디기즈(Atbek Shamusu'd‐Din Ildigiz)」를 비롯한 주요 작품을 각지의 왕에게 바쳤다. 대표 작품으로는 장편 서사시 「함세(Khamseh)」가 있다.

이었다. 그리고 이것들은 수많은 구두 페티시스트[3]나 젖가슴 페티시스트의 삶에 엄청난 마력을 행사해 왔다. 하지만 그것도 다 지난 일이다. 현재의 성공 세대들은 그보다 더 효과가 뛰어난 행운의 부적을 달고 다닌다. 각종 첨단 기술 제품들이 바로 그것이다.

그 중에서도 디지털 세상으로 들어가는 첫 걸음은 당연히 휴대폰이다. 삼성, 노키아, 모토롤라는 우리의 삶을 근본적으로 바꾸어 놓았다. 특히 스릴러 영화의 각본은 완전히 새롭게 쓰여야 한다. 옛날엔 얼마나 쉬웠는지 모른다. 긴장, 스릴, 서스펜스……. 그거 별거 아니었다. 사설 탐정에게 제보가 들어왔다. 고객의 집이 2분 안에 폭파될 것이라고 한다. 얼른 고객에게 알려 줘야 한다. 탐정은 혀를 빼물고 헐떡거리면서 온 시내를 돌아다니며 공중 전화 부스를 찾는다. 겨우겨우 고장나지 않은 공중 전화를 하나 발견하면 이번엔 전화 걸 동전이 없다. 수천 가지의 생각이 한꺼번에 그의 머리 속을 스쳐 간다. 이제 36초 남았다. 35초만 지나면 펑! 터지고 말텐데…….

이번에는 엄청난 돈을 상속받은 여자가 혼자 집에 있다. 그런데 침실 문고리가 달그락거린다. 누군가 그녀를 죽이러 집 안으로 들어온 것이다. 놀란 그녀가 수화기를 든다. 아뿔싸, 전화선이 끊어져 있다. 그녀의 얼굴이 새파

---

2) 고무줄로 시작해 세계 최고의 구두 명가로 우뚝 선 브랜드. 1851년 스위스 쇠넨베르트에서 칼 프란츠 발리에 의해 'Bally & Comp'라는 이름으로 시작하여 1999년에는 텍사스 퍼시픽 그룹 TPG가 발리를 인수하면서 토털 럭셔리 브랜드로 거듭나고 있다.

3) 생명이 없는 물건 또는 성적 부위가 아닌 신체 부위에 접촉함으로써 성적 감정을 느끼는 도착증의 일종을 페티시즘(Fetishism)이라 한다. 이런 사람들은 성적 경향이 없는 신체 부위, 의류 등에서 성적 쾌감을 얻는다. 거의 남성에서만 나타나며 그 대상은 대부분 여자의 신체 또는 의류와 관련된다. 신체 중에는 긴 머리카락이나 발이, 의류 중에는 신발과 속옷이 주로 대상이 된다.

랗게 질린다…….

그런 좋은 시절은 다 갔다. 그 사이 휴대폰은 대부분의 사람들에게 절대 없어서는 안 되는 생활 필수품이 되어 버렸다. 애들을 휴대폰도 안 쥐어 주고 밖으로 내보내다니! 그런 위험천만함이 없다. 하긴 휴대폰을 쥐어서 내보내는 것도 위험하기는 마찬가지다. 큰애들이 보자마자 빼앗아서 동남아에서 온 외국인 노동자들에게 팔아먹을 것이고, 그럼 공짜 통화 기회를 놓칠 리 없는 외국인 노동자들이 숨도 안 쉬고 전화를 해댈 것이 뻔하다. 결국 치솟는 통화료로 통신 회사 1층 현관을 금으로 도배하게 될지도 모른다.

하지만 남에게 빼앗기지 않는다고 해도 어차피 휴대폰은 우리 시대 최고의 '빚의 덫'이다. 매일 수천의 가족이 빈곤의 경계선으로 치닫는 길을 휴대폰으로 포장하고 있다.

원래 휴대폰은 서로 할 말이 없는 사람들이 할 말 없음의 가능성을 충분히 활용하자고 만든 발명품이다. 하지만 이 세상에는 읽을 줄도 쓸 줄도 모르는 사람들도 있기 때문에 추가로 단문 메시지 서비스(Short Message Service)가 개발됐다. 그날 이후 연간 수십억 건의 문자 메시지가 수신자에게 다음의 사실들을 상기시켜 주기 위한 목적으로 휴대폰 액정 화면에서 깜박거리고 있다.

1) 뜨거운 사랑을 빌고 있다.
2) 퇴근할 때 시장 봐오는 거 잊으면 안 된다.
3) 지난번 메시지 보낸 이후 별일이 일어나지 않았다.

정신이 가난한 이들을 위해 고안된 이 사교 놀이가 어쨌든 운영자들에게 엄청난 돈을 벌어다 주고 있기 때문에 아마도 당분간은 유행할 것 같다. 그러니 문자 메시지 중독자들은 걱정할 필요가 없다. 전통적 표현 방식의 마지막 애호가들이 들으면 경악을 금치 못하겠지만 앞으로 당분간은 문자 메시지라는 언어의 정크 푸드(Junk Food)를 마음껏 음미할 수 있을 테니 말이다. 요즘에는 문화 센터에서 문자 메시지를 이용한 시 작문 강의도 한다고 한다. 국민의 평생 교육에 일익을 담당하고 있는 문화 센터 관계자들이 마침내 진정한 문학이 깃들 곳을 찾아낸 것이다. 다만 뛰어난 문학 천재들이 너무 일찍 태어나는 바람에 이 진정한 문학의 도구를 활용하지 못했다는 점이 아쉬울 뿐이다. 릴케나 바이런이 정말 제때에 휴대폰을 손에 넣었다면 얼마나 멋진 시들이 탄생했을 것인가?!

요즘 아이들은 휴대폰 없이는 못 산다고 한다. 어른들 중에도 휴대폰 없는 삶을 꿈 속에서라도 생각할 수 없는 사람들이 제법 있다. 자기가 정말 중요한 사람이라고 생각한다면 언제 어디서라도 세상과 연락이 닿을 수 있어야 하는 법이다. 미처 생각지도 못하고 있던 시점에 유엔이 전화를 걸어 아랍권의 위기나 마돈나의 소식을 전해줄지도 모를 일이니까. 자의식이 부족한 사람들이나 휴대폰을 꺼뜨린다.

사실 편견 없이 바라보면 휴대폰도 전혀 무용지물은 아니다. 생전 처음 보는 사람들이 즉흥적으로 대화를 나눌 수 있도록 계기를 마련해 주기도 하니까. 이를테면 극장이나 오페라 하우스에서 공연 도중 휴대폰에서 즐거운 멜로디가 울려 나올 경우 주변 사람들의 이목이 한꺼번에 밀어닥칠 것이고, 그 중에서 정의감에 불타는 성질 급한 인간이라도 있으면 당장 대화의 물꼬가 트일 것이다. 또 주변 세상과 연락할 방법이 완전히 차단된 경우 휴대폰이 큰 공을 세우기도 한다. 휴대폰 주인이 빙하의 틈에 빠진 경우, 혹은 감옥에 들어간 경우 등등. 하지만 미리미리 그런 사고를 예방하는 차원에서 네트워크 운영자들이 기본료를 엄청나게 올릴 수도 있다. 그러나 이 문제는 생각을 좀 해 봐야 한다. 통계학적으로 보아도 휴대폰 주인 중에 빙하 구멍에 빠지거나 감옥에 들어갈 사람은 거의 없을 테니까. 휴대폰 사용자에게는 별로 득이 안 되는 제도일 듯싶다.

많은 사람들이 휴대폰을 직장 생활에 꼭 필요해서 산다고 주장한다. 콜걸이나 마약 중개상들만 그렇게 생각하는 게 아니다. 별로 인기 없는 산업 부문에서 일하는 사람들도 그렇게 믿고 있다. 잘 나가는 젊은 직장인이라면 꼭 휴대폰이 있어야 한다! 다른 건 차치하더라도 이미지 관리 차원에서 꼭 필요하다. 그러니 두세 대의 휴대폰을 동시에 들고 다니는 것은 언제 어디서라도 두 배, 세 배의 능률을 올릴 각오가 되어 있다는 의미일 것이다. 여러 대의 휴대폰을 동시에 사용하는 것이 힘들다면 특수 단말기라도 구입할 각오가 되어 있어야 한다. 오스트리아에서는 순금으로 만든 휴대폰이 생산됐다. 물론 다이아몬드도 붙어 있다. 그래야 남들보다 튈 것 아닌가. 하지만 황금 휴대폰도 평범한 휴대폰처럼 분실 및 도난의 위험이 항상 뒤따른다. 그러니 비상용으로 2~3개쯤은 항상 구비해 두는 것이 좋겠다.

황금 휴대폰을 가졌다고 금고 안에서만 통화할 수도 없고 그렇다고 가진 걸 과시 안 할 수도 없으니, 이런 사람들은 눈높이를 약간 낮추는 것이 좋겠다. 극동 지방에서 조립되고 있는 순금 휴대폰은 가격이 2만 달러밖에 안 한다. 크게 자랑할 액수는 못 되지만 그래도 가격표를 붙여 놓으면 주변 사람들이 웬만큼 알아주기는 할 것이다. 이쯤에서 경고의 메시지를 한 건 날려야겠다. 휴대폰 같은 단순한 작업 도구도 질투나 시기심을 불러일으킬 수 있기 때문에 나쁜 소문이 돌아 세무 조사를 받을 수도 있으니 주의하시라. 특히 은행 지점장이나 노조 위원장, 자선 단체 회장들은 휴대폰을 개시하기 전에 미리미리 털실로 짠 예쁜 케이스를 하나 준비하는 게 좋겠다. 세무 조사도 피하고 다이아몬드도 보호하고 귀도 따뜻하게 보호할 수 있으니 그야말로 일석삼조가 아닌가!

물론 주변 사람들이 평범하게 감탄해 줄 비교적 저렴한 단말기도 많다. 하지만 단말기 회사들이 숨도 안 쉬고 계속 새로운 각종 기능들을 고안해 내고 있기 때문에 단말기 자체는 평범하더라도 기능적인 면에서 주변 사람들의 기를 팍 꺾을 수 있다. MMS(Multimedia Messesing System), GPRS(General Packet Radio Service), 다양한 화음의 벨소리 정도는 이미 기초 사양이 된 지 오래다. 컬러 터치 스크린이나 디지캠 장착도 드문 케이스가 아니다. 아직 토스트기나 슬립백은 기본 장비가 아니지만 요즘에는 휴대폰 들고 잠수도 하고 음악도 듣고 게임도 하고 영화도 본다. 휴대폰 액정 화면에 뜬 「바람과 함께 사라지다」! 누가 감히 그런 날을 꿈꿀 수 있었을까?

뭐니 뭐니 해도 이동 통신 업계의 절대 강자는 최근에 나온 도청 방지 휴대폰이다. 이 발명품 덕분에 마피아 보스는 당분간 편히 잠들 수 있게 됐지만 사실 그렇게 마음이 편한 건 아니다. 자고로 풀지 못한 모든 암호는 머리에 피도 안 마른 십대들이 모두 풀어 왔으니까. 그러니 그저 입 다물고 있는 게 도청을 방지하는 최상책이다.

이 모든 사실들을 학문적으로 엄격하게 조사해 본 결과 우리는 아주 우울한 결론에 도달하게 된다. 그것은 휴대폰이 신분의 상징이나 행운을 가져다 주는 부적이라는 원래의 기능을 전혀 못하고 있다는 사실이다. 그러니 미친 듯 휴대폰에 열광하는 사람들은 딱 두 부류로 나눌 수 있다.

언제 어디서라도 연락이 닿아야 한다고 생각하는 사람으로, 매저키스트.
언제 어디서라도 연락이 닿지 않으면 안 되는 사람으로, 노예.

우리의 회장님들은 휴대폰이 그리 필요하지 않다. 아리따운 여비서가 다 알아서 해결해 주니까. 게다가 여비서들은 휴대폰으로는 송신 불가능한 특별 방송들까지 모두 체크하여 알아서 척척 스크랩을 해 준다.

성공한 사업가 윌리엄 헨리 게이츠 3세는 1955년 10월 28일 시애틀에서 태어났다. 원래 법학을 공부하려고 했지만 차라리 돈을 왕창 벌어 변호사들을 여러 명 고용하는 게 나을 것 같아 돈을 벌기로 결심한다.

전설에 따르면 그는 미국의 모든 발명가들이 그러했듯 작은 차고에서 실험을 했다고 한다. 하지만 뭘 발명해야 할지 통 떠오르지 않아 이쯤에서 인생을 하직하자는 생각이 들었다. 그래서 독배를 마시려고 하는 찰나 마침 그 옆을 지나던 남자 둘이서 먼지 낀 차고 창문을 들여다보다가 한 사람이 이렇게 소리쳤다. "어이, 저기서 술 퍼, 웬 애가!" 그 말을 "소프트웨어"로 잘못 알아들은 순간 빌은 바로 그것이 자신의 소명이라고 생각했다. 그래서 당장 고등학교 친구 폴 앨런과 둘이서 마이크로소프트사를 차렸고, 운명의 목소리가 창문으로 들려왔기 때문에 훗날 제일 돈을 많이 벌어다 준 제품을 감사의 의미에서 '윈도즈(Windows)'라고 이름 지었다.

하지만 불같은 성질의 젊은이가 발명이나 하고 있자니 정말 속에서 불이 났을 것이다. 그래서 빌은 1981년 발명을 포기하고 경쟁사를 5만 달러에 사들였는데, 그 회사가 MS-DOS로 수백만 달러를 벌어다 주었다. 무슨 상관이랴, 발명을 했건 남의 발명을 돈 주고 샀건 투자자의 관심은 오로지 성공이지 않은가! 1986년 마이크로소프트사가 상장할 당시 28달러였던 주식은 현재 1만 달러의 유가 증권으로 성장했다.

일부 몰지각한 비평가들은 게이츠를 두고 업계의 우두머리가 되고 싶은 야망에 몸 둘 바를 몰라 행동 장애 증상을 보이는 철부지 청년 취급을 한다. 그래도 그는 수많은 사람들에게 머리 안 빗고 옷 매무새 통 신경 안 써도, 안경 쓰고 뻣뻣하게 굴어도 쥐꼬리만한 월급쟁이 신세를 탈출할 수 있다는 희망을 가져다준 사람이다.

현재 빌 게이츠는 세계의 최강자이다. 최강자는 아니라 해도 어쨌든 600억 달러의 재산을 가진 세계 제일의 부자인 것만은 틀림없다. 하지만 얼마 전까지만 해도 재산이 800억 달러였던 것으로 미루어 보면 아마도 급속도로 빈곤의 경계선상으로 달려가고 있는 것이 틀림없다.

디지털 원더랜드

인간은 도구의 도구가 되어 버렸다.
—헨리 데이빗 소로(Henry David Thoreau)

전설에 따르면 마이크로소프트, 애플, 휼릿 패커드 등 컴퓨터 관련 대기업들은 쓰다 버린 작은 차고에서 탄생했다고 한다.

물론 미국 이야기다. 우리 주변에서는 그 전설을 실천에 옮기기가 여간 어렵지 않다. 아무리 천재적인 발명가라 한들 매일 같이 벌어지는 주차 전쟁의 틈바구니 속에서 발명의 영감을 얻기란 쉽지 않다. 시내 한복판 주차장에서 건장한 청년들이 망치나 드라이버를 들고 설치고 있다면 다들 어떤 눈으로 바라볼까? 그렇다고 발명에 필요한 장비를 다 들고 고속도로 갓길로 달려갈 수도 없는 노릇이다. 그랬다가는 아마 빌 게이츠 근처에 가 보기도 전에 고속 도로 순찰대로 끌려가 벌금 무느라 있던 장비까지 다 팔아 치워야 할지도 모른다. 그러니 우리 땅에서는 첨단 기술 기업으로 졸부가 되겠다고 버둥거려 봤자 성공하기 힘들다. 시작을 했다 하더라도 얼마 못 가서 중도에

하차하고 말 것이다.

미국이라면 컴퓨터 관련 사업으로 백만장자가 되는 것은 쉬운 일이다. 컴퓨터 업계가 모두 나서 전도에 총력을 기울이고 있으니 말이다. 그들은 기술에 대한 믿음이야말로 우리 시대의 진정한 종교요, 컴퓨터야말로 진정한 신이라는 사실을 전세계인들에게 거듭 확인시켜 주고 있다. 컴퓨터야말로 차고에서 탄생한 메시아라는 사실을!

다른 종교들도 다 그렇듯 첨단 기술에 대한 숭배 역시 날 때부터 다른 인간들보다 똑똑하고 잘난 사람들—광신도들, 정치가들, 학자들—이 제일 열성적이었다. 무슨 일이든 트집 잡고 꼬투리 잡는 데 선수인 예술가들만이 첨단 기술을 비아냥거리고 있다. 이런 시처럼.

컴퓨터가 세상에 나온 밤은
화형용 장작더미가 활활 타오르기에 피처럼 붉다
컴퓨터가 세상에 나온 밤은
에드거 앨런 포의 작품과 같다!
검은 마법사는 두려움에 떨었고
악마들마저도 소스라치게 놀랐다
프랑켄슈타인의 성에서만이 축배를 들었다
단두대의 날처럼 날카로운 목소리가
처음으로 크고 또렷하게 말했기 때문이다
"나는 금속이다! 너의 신이다!"
순간 모두가 무릎을 꿇고 머리를 조아렸다.

인간에겐 맹목적으로 믿을 수 있는

예배 의식이 필요한 법이니!

할렐루야! 마침내 누구에게나 번호가 선사된다

우리는 모두 기록 당하고 번호가 매겨지고

인원 점검을 당한다

할렐루야! 컴퓨터는 아름다운 신세계다!

예술의 자유는 우리 사회의 필요악인 듯하다. 그러나 다행히 우리에겐 아주 객관적인 자료들이 있으니 언제라도 예술을 궁지로 몰아넣을 수 있다. 실제로 컴퓨터 기술의 발전은 예술의 우려와는 전혀 다른 방향으로 진행되어 왔다. 그런 의미에서 컴퓨터 발전의 역사를 짤막하게나마 살펴보기로 하자.

원시 시대

우리의 행성이 탄생한 후 처음 며칠간 전자식 데이터 처리는 큰 의미가 없었다. 전기가 없으니 컴퓨터가 있다 해도 무용지물이었을 것이다. 그나마 다행이었던 것은 지구가 태어난 지 얼마 안 돼서 처리해야 할 데이터가 전혀 없었다. 그래서 큰 문제가 발생하지 않았던 것이다.

홍적세

마침내 다음 세대를 위해 중요한 데이터를 저장하기로 결심한 최초의 날. 인류는 지금은 거의 사용하지 않는 방법을 사용했다. 소위 빙하기라는 걸 발명했던 것이다. 그것이 무엇인고 하니 중요한 물건을 얼려서 저장하는 보관 방법이다. 이러한 방법으로 저장된 공룡의 발자국이나 거대한 매머드의 이빨 등은 지금도 시베리아를 비롯한 지구의 오지에서 심심치 않게 발견되고 있다. 우리 주변에서도 중요한 정보를 담고 있을 법한 냉동된 생선 조각이 자주 발견되는데, 유감스럽게도 전문가들이 아직 그 암호를 해독하지 못하고 있어 걱정이다.

BC 1000만~BC 31년

창조적 휴지기.

0년

로마 제국의 최신 유행은 아바쿠스(Abacus)[1]라는 계산판이었다. 그런데 대부분의 사람들이 멍청해서 계산판을 제대로 사용하지 못했다. 이것이 결국 로마 제국의 멸망 원인이 되었다.

1518년

아담 리제(Adam Riese)가 수학을 발명했다. 하지만 만인에게 도움이 되리라던 그의 예상은 완전히 빗나갔다.

1679년

고트프리트 빌헬름 라이프니츠(Gottfried Wilhelm Leibniz)[2]가 특이한 기계를 설계했는데, 아무짝에도 쓸모가 없었던 것으로 미루어 볼 때 컴퓨터의 전신이 아니었나 생각된다.

1770년

볼프강 폰 켐펠렌은 재미로 체스 자동 장치를 발명했다. 이 기계는 나폴레옹 황제를 2:1로 이겨 불패의 신화를 무너뜨렸다. 당황한 나폴레옹은 그만 워털루 전투에서도 패하고 말았다.

1806년

요제프 마리 자카르(Joseph Marie Jacquard)[3]는 구멍이 뚫린 카드로 조종하는 직조기를 발명했다. 그날 이후 수많은 고객들이 잠옷에 난 구멍에 대해 불만을 토로하고 있다.

1845년

자유의 투사이자 시인인 바이런 경의 딸인 오거스타 에이다는 찰스 배비지가 고안한 해석 엔진(Analytical Engine)[4]의 최초의 프로그래머로 일했다. 컴퓨터 전문가였던 그녀는 러블레이스 백작과 결혼했고, 1979년 한 프로그

---

1) 바빌론에서 전래된 것으로 보이는 계산 도구로 일종의 주판이다. 로마의 주판은 그 판에 홈이 패어 있어 세로로 적절하게 배열되어 있는 계산돌을 쉽게 이동할 수 있도록 했다.

2) 1646~1716년. 독일의 철학자·수학자로 미적분을 발명했다. 그는 덧셈만 가능했던 파스칼의 계산기를 뛰어넘는 계산 기구를 만들었다. 기존의 톱니바퀴 방식이 아니라 아홉 개의 이를 가진 기어들로 구성된 획기적인 형태였다. 그런데 기계는 작동했지만 그 결과는 대부분 믿을 수 없는 수치였고 사용하기도 불편했다고 한다.

3) 1752~1834년. 직물 산업의 기술 혁명에 공헌했으며 현대 자동 직조기의 기초가 된 자카르 직기를 발명했다. 자카르 직기는 천 짜는 작업을 조정하는 천공 카드를 사용해 원하는 무늬를 자동적으로 얻을 수 있었다. 이 천공 카드는 찰스 배비지가 자신의 해석 장치의 입출력 수단으로 사용했으며, 미국의 통계학자 허먼 홀러리스가 자신의 인구조사기계의 자료 입력에 사용했다. 오늘날에는 정보를 디지털 컴퓨터에 입력하는 방법의 하나로 사용하고 있다.

램 언어에 그녀의 이름을 따서 붙일 정도로 사람들의 존경을 받았다. 하지만 그 언어는 현재 찰스 황태자가 화분에 심은 식물하고 수다를 떨 때만 사용하고 있다고 한다.

1890년

허먼 홀러리스(Herman Hollerith)가 여론 조사 자료 정리 작업을 단축시키기 위해 펀치 카드 시스템을 개발했다. "구멍이 숭숭 뚫렸다."는 경쟁자들의 비난은 오히려 더욱 만족스러운 성과로 이어졌고, 그 이후 컴퓨터 업계에서는 몇 가지 구멍이 아주 중요한 역할을 하고 있다.

1920년

프레데릭 불(Frederik Bull)이 오슬로에서 '통계의 목적을 달성하기 위한 전자 자동 기록 장치'의 특허권을 획득했다. 그 하룻밤 사이 노르웨이는 통계적으로 볼 때 특허 받은 전자 자동 기록 장치를 가장 많이 보유한 나라가 되었다.

1940년

영국인 앨런 매티슨 튜링(Alan Mathison Turing)은 정보 기관의 청탁을 받고 독일 암호기기 '이니그머(Enigma)'를 해독하여 2차 대전의 종전에 결정

---

4) 이 기계는 '해석 엔진 기관(解析的機關)'이라고 하며, 50항의 숫자를 1,000개 기억하여 기억한 결과에 의해 명령 그 자체를 변하게 하거나 2개의 숫자 크기를 비교, 판단하는 등 현대의 디지털 컴퓨터가 가지는 기본 요소를 대부분 포함하고 있었다. 그러나 정밀한 부품을 제작하는 것이 어려워 완성되지 못했다.

적인 공을 세웠다. 그는 이미 3년 전에도 만능 계산기의 원리를 발견하여 컴퓨터의 아버지가 됐지만 특이하게도 그의 그런 업적들보다 동성애가 더 부각되어 1952년 호르몬 요법을 받아야 한다는 선고를 받기에 이른다. 하지만 호르몬 치료를 받느니 차라리 청산가리를 넣은 사과를 먹겠다고 생각했기에 그는 정처 없이 여기저기 떠돌아 다녔다. 단순한 사람들은 그가 특히 비 오는 10월의 밤마다 유령처럼 케임브리지를 걸어 다녔다고 주장했지만 약간 지능이 높아진 요즘 사람들은 계절과 관계없이 그의 정신을 노트북 안에서도 만날 수 있다는 사실을 잘 알고 있다.

1952년

미국 대통령 선거에서 처음으로 컴퓨터 예측 시스템이 도입됐다. 컴퓨터는 전문가들의 예상을 뒤엎고 아이젠하워 후보의 압승을 점쳤다. 그 즉시 놀란 사람들이 컴퓨터 작동을 멈추고 컴퓨터의 '내부 결함' 때문이라고 설명했지만 몇 시간 후 아이젠하워는 컴퓨터의 예측대로 압승을 거두고 말았다.

1953년

그동안 미국에서 30대의 대형 컴퓨터와 냉장고 크기의 소형 컴퓨터 수천 대가 생산됐다. 물론 아직 얼음은 만들지 못했다.

2002년

칼리 피오리나가 끈질긴 노력 끝에 거대 기업 컴팩과 휼릿 패커드를 합병하는 데 성공했다. 선도적인 시장 연구 기업은 이 합병의 첫 번째 시너지 효과로 앞으로 고객의 상당수가 델과 IBM에서 물건을 사게 될 것이라고 전망했다.

2003년

컴퓨터 업계는 차세대 주자를 개발해야 한다는 압박감에 시달리고 있다. 전세계 유수 기술자들은 온 희망을 AI(Artificial Intelligence), 즉 인공 지능에 걸고 있다. 하긴 그동안 자연 지능이 우리가 살고 있는 세상을 어디로 데려왔는지 생각해 본다면 정말 인공 지능이 절박하게 필요하다는 말밖에는 달리 할 말이 없다.

여기까지 간략하나마 컴퓨터의 역사를 살펴보았다. 그렇다면 그동안의 거침없는 기술 도입은 과연 어떤 결과를 낳았을까?

컴퓨터의 매력을 높이기 위해 사람들은 '종이 없는 사무실'이라는 비전을 내놓았다. 하지만 그건 그림 형제도 비웃을 만한 기가 막힌 동화일 뿐이다. 컴퓨터가 도입된 이후 사무실에서 사용되는 종이의 양은 오히려 열 배나 더 늘었으니까 말이다. 그러니 컴퓨터가 수많은 새로운 일자리—나무꾼에서 종이 회사에 이르기까지—를 창출한 셈이 되었다.

새로운 직업의 창출은 첨단 기술이 낳은 가장 달콤한 열매 중 하나다. 현재 정보 처리와 관련된 전문가들의 수요는 외국인이라 해도 마다하지 않을 만큼 나날이 치솟고 있다. 물론 그 여파로 전통적인 일자리가 급속도로 줄어들고 있지만, 그 역시 새로운 분야로 진출할 수 있는 기회라고 생각하는 게 옳을 것이다. 자동차가 발명됐을 때 말들의 기분이 어땠겠는가. 하지만 그동안 말들은 틈새 시장을 발견하여, 자신들의 특별한 능력을 고수익의 직업과 연계시키는 데 성공했다. 벤츠나 BMW가 아무리 좋아도 그걸 타고 출발하겠다고 우기는 승마, 경마 선수는 없다. 물론 실직한 공무원을 경마 선수로 재취업시키려면 교육 기간이 좀 오래 걸리겠지만 말이다.

어쨌든 일자리는 유동적이 되었다. 있다가도 없고, 없다가도 있고, 또 어느 틈엔가는 다른 곳으로 가 있다. 물론 그로 인해 생겨난 좋은 점도 있다. 요즘엔 집에서 온라인으로 업무를 처리할 수 있기 때문에 군이 출근할 필요가 없는 일자리도 많아졌다. 아침부터 지각 걱정하며 땀이 나도록 달릴 필요도 없고, 알람 시계를 몇 개씩 방 곳곳에 숨겨 놓을 필요도 없다. 상사의 눈치를 보며 건물 구석에서 담배를 피우지 않아도 되고 커피를 마시러 자판기가 있는 곳까지 걸어갈 필요도 없다. 이 모든 강제들로부터 해방된 것이다. 스트레스로부터 자유로운 창조의 분위기가 무르익은 것이다. 물론 몇 가지 아주 사소한 골칫거리들만 없다면 금상첨화다. 떠들어대는 아이들, 짖어대는 강아지, 수시로 벨을 울리는 신문사 판촉 사원, 불시에 들이닥치는 시어머니나 장모, 고장난 세탁기 등…….

재택 근무는 이런 것들 말고도 새로운 문제를 낳을 수도 있다. 특히 인간관계에서 그렇다. 대부분의 아내들이 결혼 생활을 견딜 수 있는 이유는 단한 가지, 남편들이 하루 종일 밖에 나가 있다는 것이다. 남자들 역시 하루 종일 아내와 떨어져 지내니 그나마 결혼 생활을 유지할 수 있다. 닮은 데라고는 없는 두 생명체가 하루 24시간을 좁아 터진 아파트에 갇혀 지내야 한다면 여러 가지 문제들이 생겨날 것은 불을 보듯 뻔하다. 그러니 아내들은 목이 쉬도록 울어대는 아이를 두고 술집이나 나이트 클럽을 전전하게 될 것이다.

아이는 어차피 집에 있어야 하는 남편이 돌볼 테니까.

하지만 남편들은 사정이 다르다. 일단 아내 몰래 즐길 수 있었던 핑계 거리가 완전히 동이 나 버린다. 집에 있으니 야근 한다고, 상갓집에서 밤을 새야 한다고 거짓말을 할 수도 없다. 그것 말고도 위대한 자유를 위해 포기해야 할 것들이 너무 많다. 회사에 출근을 안 하니 굴러다니는 볼펜, 클립, 디스켓, 화장지 등을 슬쩍해 올 수도 없고, 옆자리 동료한테 담배를 빌릴 수도 없다. 옆자리 동료하고 근무 시간에 몰래 인터넷에서 포르노를 다운 받아 킥킥거릴 수도 없고 음담패설을 주고받을 수도 없다. 더 나쁜 건 상사한테 살살거려 연봉을 더 타낼 수도, 초고속 승진을 할 수도 없다는 것이다. 직장은 우리에게 그냥 일하는 곳만은 아니었다.

그러니 컴퓨터가 거실에 있는 이 잘못된 위치 선정이 문제가 되는 것이다. 물론 그것이 컴퓨터의 죄는 아니다. 세상 만물은 그 나름대로 이 세상에 기여하는 바가 있으니까 말이다. 그러나 만물 중에는 인간이 무조건 복종해서는 안 될 것이 있는 법이고 또 앞으로도 그럴 것이다. 이것이 과격분자들만의 주장이라고 생각한다면 그건 오산이다. 테드 터너(Ted Turner)가 바로 그런 경우다. 대담한 미래 비전으로 우리가 살고 있는 세상에 전혀 새로운 차원을 선사해 주었던 그도 어느 날 기자에게 "컴퓨터 앞에 앉아 아무런 감정도 나눌 수 없는 사람들과 채팅을 하는 것보다 가까운 이웃들과 브리지 게임을 하는 게 더 좋다."고 자신의 속마음을 털어놓았다.

심지어 진보적인 경제 부문에서도 조심스러운 행보이긴 하지만 과거의

---

5) 미국의 24시간 뉴스 채널 CNN의 창립자. 현재 미디어 그룹 타임워너의 회장이다.

인간 모델을 재활용하기 시작했다. E-비즈니스에 대한 열광 속에서도 많은 기업들이 과거의 영업 방식을 다시 채택하기 시작한 것이다. 뉴욕의 유명한 한 온라인 업체는 일부러 영업소를 내서 직원들이 직접 고객을 맞이하도록 하고 있다. 또한 보스턴에서는 최근 옛날과 똑같이 창구에서 영업을 하는— 인간과 인간이 직접 대화하는—온라인 은행의 지사가 문을 열었다. 다른 미국 기업들도 이런 추세를 좇고 있는 분위기지만 우리 주변에서는 아직 그럴 기미가 보이지 않는다. '소 잃고 외양간 고친다'고 했다. 결국 전문 인력이 모두 기계로 대체되고 난 후에야 상호간의 접촉이 매출 신장에 기여할 뿐 아니라 그 무엇으로도 흉내낼 수 없는 매력을 발산한다는 사실을 뒤늦게 깨닫고 땅을 치며 후회하게 될지도 모른다.

컴퓨터에 대한 숭배는 계속되고 있다. 현재로서는 득과 실이 거의 평형을 이루고 있기 때문에 그리 나쁜 상황은 아니다. 지난해 컴퓨터 범죄로 인해 188개의 미국 기업과 관공소가 4억 3,000만 유로의 손실을 입었다(FBI가 다른 나라 상황까지 파악할 수 있었다면 아마 피해액은 이보다 훨씬 컸을 것이다). 물론 컴퓨터 기술의 효율성 역시 그 못지않은 수치를 자랑하고 있다. 하지만 장차 철없는 신동들이 시스템에 침입하여 원자로의 뚜껑을 열어 젖히고, 미국 스타워즈 시스템을 작동시키고, 국제 금융 거래를 마비시키는 사태가 벌어지는 날이 온다면 세상은 온통 혼란에 빠지고 말 것이다. 그러면 왜 인류가 그토록 내책 없이 기계에 의존하게 됐는지 한탄하는 별난 인간들도 생겨날지 모른다.

출세를 원하는 야심가라면 날로 발전하는 기술 수준에 뒤쳐져서는 안 된다. 기계에 너무 큰 기대를 거는 것 또한 경계해야 한다. 최신 기술보다 수명이 짧은 것도 없으니 말이다. 연필은 수백 년 동안 필기 도구라는 원래의 기능을 다해 왔다. 하지만 컴퓨터는 배송되어 오는 기간 동안 이미 구형이 되어 버린다. 최신형 하드웨어, 최신형 소프트웨어, 그밖의 온갖 업그레이드된 부속품들이 미친 듯한 속도로 시장에 쏟아져 나오고 있다. 그러니 계속 최신의 수준을 따라가며 온갖 장비들을 사 모으다가는 체육관이라도 빌려야 할 판이다. 평생을 공부하는 자세로 살아야 한다! 말은 쉽지만 그러다가 언제 돈 벌고 언제 골프 치러 가겠는가. 솔직히 말해 어른들은 아무리 노력해도 발전해 가는 기술 수준을 따라잡기 힘들다. 결국 애만 쓰다가 '열한 살짜리 조카가 나보다 훨씬 낫다.' 는 심오한 깨달음에 절망하고 말 것이다.

컴퓨터는 신분의 상징이 아니다! 잘 나가는 사람들은 어깻죽지 결린다고 투덜거리면서 하루 종일 모니터 앞에 쪼그리고 앉아 있지 않는다. 손에 들고 다니는 노트북은 상사에게 충성을 맹세한 새내기들의 금배지이다. 보스는 첨단 기기가 필요 없다. 보스는 첨단 기술 주식만 있으면 된다. 잘 나가는 사람들은 가상의 이익보다 현실의 이익에 더 관심이 많으니까.

크리스토퍼 콜럼버스

Christopher Columbus

백과사전을 뒤져 보면 콜럼버스는 1451년 8월 25일에서 10월 31일 사이에 제노바에서 태어났다. 그러니 심각한 난산이었음을 짐작할 수 있겠다. 1492년 그는 스페인의 여왕 이사벨에게 가서 인도로 가는 뱃길 자금을 대달라고 졸랐다. 하지만 인도가 어디 있는지 감도 못 잡았던 터라 실수로 그만 미 대륙에 도착했다. 그렇다고 멍청하게 서 있을 수는 없었던지 자신이 발을 들여놓았던 쿠바, 아이티, 바하마 군도를 서인도 제도라고 이름지었고, 그 말을 믿은 인류는 지금까지도 그가 지은 이름을 사용하고 있다.

그는 수많은 전리품들을 가지고 집으로 돌아왔는데, 그 중에는 고무[1]도 있었다. 하지만 가톨릭 세력이 강하던 스페인에서는 별로 쓸모가 없었다. 교회는 그를 싫어했지만 여자들은-이사벨 여왕을 필두로 하여-콜럼버스의 계란에 마음이 혹하여 그가 처음으로 미 대륙을 발견했다는 소문을 전세계에 퍼뜨렸다. 하지만 그건 틀린 말이다. 중국의 영락제 최측근 환관인 색목인 출신 정화(鄭和)[2]가 콜럼버스보다 훨씬 전에 미대륙에 발을 디뎠다. 하지만 그 중국인에게는 세계적 명성을 얻는 데 필요한 아주 사소한 요건이 결여되어 있었다. 콜럼버스는 뻔뻔스럽게도 계란을 이용해 여자들의 환심을 얻었지만 그는 환관이었던 탓으로 여자들의 환상을 자극하지 못했던 것이다.

그의 성공 비결: 계란 한 개

---

1) 여기서는 콘돔을 의미하고 있다.

2) 1371~1435년. 1405년부터 1433년까지 영락제의 명을 받아 7회에 걸쳐 대선단(大船團)을 이끌고 동남 아시아에서 서남 아시아에 이르는 30여 나라를 원정하였다. 정화의 인도양 진출은 바스코 다 가마보다 80~90년이나 앞선 것이었다.

미남 미녀

착한 것보다는 아름다운 것이 더 낫다.
하지만 추한 것보다는 착한 것이 더 낫다.
―오스카 와일드(Oscar Wilde)

마음씨가 좋다는 칭찬을 자주 듣는 사람들은 대부분 노트르담의 종지기 콰지모도의 형이나 앙겔라 메르켈[1]의 여동생처럼 생겼다. 생각하기에 따라서는 듣는 사람이 기분 나쁠 수도 있다. 그러나 인류의 대부분이 그렇게 생겼으면서도 마음씨까지 안 좋다는 사실을 생각하면 그리 크게 기분 나빠할 소리도 아니다.

꼭 상대의 마음씨가 착해야 할 필요는 없다. 마음씨가 착한지 아닌지는 사람을 산 채로 해부해 봐도 알 수 없는 일이므로 '착하다' 는 칭찬은 무례한 언사를 피하기 위한 방법으로 사용하면 된다. 상대의 외모에 대한 정직한 평가로 상대의 마음을 아프게 하기보다는 마음씨가 참 곱다고 말해 주는 편이

―――――――――

1) 독일 기민당(CDU) 당수.

훨씬 낫지 않은가. 따지고 보면 아주 비열하지만 훨씬 친절한 태도이다. 그러나 마음씨를 너무 과대평가해서도 안 된다. 실제 삶에서 중요한 건 마음이 아니라 외모니까. 성공을 원하는 많은 사람들이 그 진리를 일찍부터 간파하고 아름다워지기 위해 노력을 아끼지 않는다. 주름살 수술에 지방 흡입, 턱 깎기 등등. '나'를 가꾸기 위한 작업은 지칠 줄을 모른다. 화장품 산업은 불경기를 모르고 성형 외과는 예약이 넘친다.

직업상 미모를 유지해야 하는 영화 배우, 가수, 매춘부들 같은 여성들만 그런 게 아니다. 최근엔 가벼운 화장은 물론 수술도 두려워하지 않는 남성들이 늘어나고 있다. 잘 생긴 사람이 성공한다는 사실은 학술 연구를 통해서도 밝혀졌다. 이성 교제—각자의 취향에 따라 동성 교제일 수도 있겠다—뿐 아니라 직장 생활에서도 잘 생긴 얼굴은 큰 기여를 한다. 하지만 사람이 자기 자신을 다른 사람의 눈으로 쳐다볼 수는 없는 일이기에 가끔 외모 가꾸기에 실수가 발생하기도 한다. 그런 실수를 미연에 방지하는 제일 좋은 방법은 유행을 선도하는 전문가들의 충고를 따르는 것이다. 물론 오늘의 충고가 내일의 충고와 다른 게 문제이긴 하지만, 그래도 그게 어딘가? 적어도 24시간 동안은 유행에 뒤쳐지지 않는다는데!

오늘날 미남 규칙의 일 순위는 '수염이 없는 매끈한 얼굴'이다. 한 사흘 기른 짧은 수염이 매력으로 통하던 시절도 있었지만 그건 오래전 이야기다. 얼굴에 수염을 기른 남자는 절대 여자에게 호감을 얻지 못한다. 그리고—이 또한 학문적으로 입증된 바 있다—직장에서도 절대 성공하지 못한다. 제아무리 능력 있고 재능이 있어도 일단 얼굴에 수염이 너무 많으면 재능을 발휘할 기회가 애초부터 주어지지 않는다. 역사적 인물로는 칼 마르크스, 프란츠

요제프 황제, 알베르트 아인슈타인 등이 이런 부류에 속하는데 그들이 하루 15분만 더 일찍 일어나 꼼꼼하게 면도를 했더라면 아마 인류의 역사는 완전히 뒤바뀌었을 것이다.

얼굴에 돋아난 털은 그렇게 혐오의 대상이 되지만 얼굴 약간 위쪽에는 거꾸로 털이 반드시 필요하다. 출세를 하고 싶은 남자는 상당량의 머리카락이 필수적이다. 대머리는—이유를 모르겠으나 그런 문제를 고민하는 일군의 학자들은 그렇게 주장하고 있다—출세의 사다리를 제대로 올라가 보지도 못하고 금방 미끄러지고 만다.

실제로 우리는 동정을 살 만한 이런 타입들—율 브리너에서 텔리 사발라스(Telly Savalas),[2] 파비앙 바르테즈(Fabien Barthez)[3]에 이르기까지—과 그들의 서글픈 별 볼일 없음을 잘 알고 있다. 그에 반해 진짜 성공한 남자들은 머리에 털이 무성하다. 축구감독 위니 셰퍼, EMTV 창립자인 그륀더 토마스 하파, 또 오사마 빈 라덴을 떠올려 보라. 빈 라덴의 경우 아쉽게도 수염을 길러 성공의 기회를 아깝게 놓쳐 버리고 말았지만 머리털이 많긴 많다. 뭐 꼬치꼬치 따지고 싶진 않지만 또 하나 궁금한 점이 있다. 그렇다면 이미 성공한 남자들은 대머리가 되어도 괜찮을까? 회장단 회의 석상에 가면 정말 나이든 남자들이 많고, 나이가 들수록 머리카락은 결연하게 신체의 나머지 부분과 결별을 선언하기 마련이다. 사실 머리카락과 관련된 문제에 정답이란 없다. 기본적으로 모든 인간에게는 흠이 있게 마련이니까. 하시만 낸 꼭내기 층에

---

2) 「칭기즈칸」, 「007 여왕폐하 대작전」 등에 출현한 미국의 영화 배우.

3) 프랑스 국가 대표 골키퍼. 현재 맨체스터 유나이티드에 소속돼 있다.

있는 신사분들은 훨씬 외모로부터 자유로울 수 있다. 아름다움은 반드시 성공을 동반하지만 성공은 아름다움을 동반할 수도 있고 아닐 수도 있으니까 말이다.

남성의 외모에 대해서 조금 더 언급해 보자면, 남성의 머리 부위만 미의 이상에 맞아야 하는 것이 아니다. 머리의 정반대 부위, 즉 엉덩이 역시 요즘엔 큰 관심을 불러일으키고 있다. 한마디로 엉덩이가 빵빵해야 하는 것이다.

하지만 이 주문을 충실히 이행하는 건 그리 간단한 문제가 아니다. '빵'이란 말은 원래 '갑자기 어떤 것이 터지는 소리'를 나타내는 의성어인데 가끔 이런 심오한 소리를 낼 줄 아는 엉덩이 역시 원래부터 인간의 매력을 창조하는 신체 부위가 아니었다. 그런데 현대에 와서 이 신체 부위가 매력적인 전체 인상에서 차지하는 부분은 지나치게 과장되어 있다. 물론 최근의 연구 결과에서도 밝혀졌듯이 남성의 빵빵한 엉덩이가 여성의 호감을 사는 데에는 필수 조건일지 몰라도 직장의 성공에는 그리 큰 기여를 하지 못한다. 국회의사당, 경총, 이사회에선 엉덩이의 디자인을 그리 중요하게 생각하지 않는다. 그저 엉덩이가 최대한 오래오래 의자에 붙어 있기만 하면 되니까 그 정도쯤이야 보통 엉덩이들도 얼마든지 잘 해낼 수 있다.

그러니까 남자들은 몇 가지 사소한 부분만 신경 써도 금방 팬클럽을 거느릴 수가 있다.

하지만 성공하고 싶은 여자들의 경우 매력적인 인상을 조장하려면 조금 더 가혹한 노력이 있어야 한다. 일단 남성에게 적용된 몇 가지 규칙들은 여성들에게도 똑같이 적용된다. 수염을 기르지 말아야 하고 최대한 머리숱이 많아야 하며 엉덩이가 빵빵해야 한다. 그런데 남성 중심의 사회에서 살아남으려면 그걸로는 부족하다. 남성 중심의 사회가 이상으로 여기는 여성이 되려면 그 세 가지 조건으로는 턱없이 부족하기 때문이다. 남성들이 이상으로 생각하는 여성상은 일단 눈부시게 아름다워야 한다. 하지만 그 미모를 만인에게 공개하지 말고 '내' 개인적 용도로만 사용해야 한다. 또 직장에서 남성과 싸워 이기는 경쟁자가 되어서는 절대 안 된다.

하지만 아쉽게도 현대의 여성들은 날이 갈수록 이런 이상적 여성상에서 멀어지고 있다. 그 결과 여성들이 눈에 띄게 거칠어졌다. 일단 외적으로 남성들 못지않게 강해지는 바람에 빌 게이츠나 요슈카 피셔(Joschka Fischer)[4]의 실패한 패러디 같은 꼴들이 되었다.

여성들이 남성에 비해 절반밖에 안 되는 돈을 벌기 위해 남성의 두 배나 되는 일을 해야 하는 현실 역시 우리 사회에서 이상적인 여성들이 자꾸만 사라져 가는 원인이다. 스트레스로 인한 눈가의 쭈글쭈글한 주름, 야근으로 누렇게 뜬 얼굴은 직장 여성의 기본 장비이다. 물론 화장이나 성형 수술을 대량 동원하여 비교적 손쉽게 여성의 신체 구조에서 특히 중요한 지점들을 다시 제자리로 돌려놓을 수도 있겠다. 하지만 이 경우에도 난점은 있으니, 신입 사원의 경우 직장에 발을 내딛는 첫 순간의 얼굴이 쓸 만해야 한다는 것이다. 그렇지 않으면 너무 돈이 많이 들기 때문에 신입 사원 월급으로는 도저히 감당이 안 된다. 웬만큼 직장을 다닌 시점이라 해도 원래의 미모는 필수 조건이다. 안 그러면 수술 시간이 너무 많이 걸려 일치니 언치니 휴가로는 감당이 안 된다. 그럼 출세의 사다리를 끝까지 올라 맨 꼭대기 층에 도달했

4) 독일 녹색당 당수. 현재 외무장관을 맡고 있다.

을 때에는? 그때는 원상태와 상관없이 손쓸 수 없는 지경이 된다.

하지만 너무 걱정하지 않아도 된다! 다행히 이 부문은 혁신의 경계선을 그을 수 없을 정도로 끝없는 발전이 지속되고 있으니. 중력에 의해 처진 가슴은 푸쉬 업 몰드 브래지어로 어느 정도 커버할 수 있다. 이 정도로는 도저히 안 되어 특단의 조치가 필요할 경우 주름살을 제거하고 피부를 잡아당길 수도 있다. 그렇게만 하면 완전히 새로운 인간으로 거듭날 수 있다. 다만 그 새로운 모습이 미국의 영화 배우 셰어나 마이클 잭슨처럼 지나쳐 보이기 전에 적당한 선에서 멈추어야 할 것이다.

요즘엔 지금까지 부정적인 의미로 사용되던 '엉덩이 얼굴'이라는 개념을 환희의 표현으로 만들어 줄 수 있는 소위 '미세지방이식술'이 한창 유행이다. 지방 세포를 흡입하여—물론 자기 엉덩이에서—탄력을 잃은 얼굴에 주사하면 주름살이 감쪽같이 사라진다고 한다. 별 볼일 없는 엉덩이가 얼굴을 고상하게 만들어 줄 수 있고, 그렇게 하여 한 여성의 앞과 뒤가 같은 표정이 되니 참으로 성공한 경영 합리화 조치라고 생각된다.

주름살과의 전쟁에는 또 하나의 혁신적인 요법이 있다. 역시나 요즘 한창 유행을 타고 있는 보톡스 요법이다. 보톡스라는 이 깜찍한 이름은 보툴리눔 톡시눔의 약자로 지금까지 독에 있어서 만큼은 항상 시대를 앞서갔던 사담 후세인의 무기고에나 잔뜩 보관되어 있을 법한 물질이다. 물론 그렇다고 해서 사담 후세인이 보톡스의 특허권을 갖고 있다는 말은 아니다. 보툴루스는 라틴어로 소시지를 뜻한다. 한 번 소시지 중독에 제대로 걸렸는데도 만인의 예상을 뒤엎고 살아남은 사람이라면 보툴리누스가 어떤 병인지 잘 알 것이다. 보툴리누스 중독은 신고의 의무가 있는 지독한 질병이다. 그렇다고 요즘 유행인 보톡스가 소시지의 아름다움하고 관계가 있는 물질이라는 말이 아니다. 보톡스는 가벼운 마비 증세를 일으키는 신경독이기 때문에 여성들의 주름 고민을 한 번에 날려보낼 수 있다. 얼굴을 찡그리지 못하면 주름도 안 생길 테니까.

대리석 조각상 같은 매끈함을 원한다면 대리석 조각상의 한 가지 고정된 표정 역시 감수해야 한다. 감정은 폭발했는데 얼굴이 하나도 안 변하면 약간 우스꽝스럽지 않은가! 그래도 잠깐씩 미소 지을 수는 있을 것이다. 적어도 이번 약 효과가 떨어지고 다음 시술을 받기 전까지는 얼굴이 움직일 테니까. 보톡스는 6개월에 한 번씩 맞아야 한다. 안 그러면 다시 주름살이 잡힌다는 점이 좀 성가시긴 하다. 보톡스는 인체에 전혀 위험이 없다. 대부분의 헐리우드 스타들이 보톡스를 맞고도 오스카 수상식을 무사히 치룬 것을 본 다음부터는 많은 사람들도 그렇게 믿고 있다. 한 번에 가격이 500에서 1000달러까지 만만치 않지만, 전체 진료비를 생각하면 전기 다리미로 주름을 펴는 것보다 보톡스가 훨씬 싸게 먹힌다는 것이 의사들의 소견이다.

아무리 하찮은 수술이라도 얼굴에 손을 대는 건 너무 겁난다? 그렇다면 크림의 신비함에서 아름다움을 한번 길러내 보자. 요즘 잘나가는 홈쇼핑 프로에는 유명 여배우들이 나와 입에 침이 마르도록 칭찬을 해대면서 화장품을 팔고 있다. 그러나 본업인 배우로서는 평범한 그들이 부업인 화장품 판매원으로서는 천부적인 재능을 발휘하는 모습을 지켜보면서 꺼림칙한 느낌을 떨칠 수가 없다. 그나마 이런 경우는 봐 줄 만하다. 에스티 로더, 니베아 등은 잘 알려지지도 않은 여배우들에게 화장품을 팔게 하고 있다. 그들 자신에게도 쓸모없는 물건인데 말이다.

사실 '노화 방지를 위해 어떤 방법을 택할 것인가?' '어떤 화장품을 사용할 것인가?'의 문제는 그리 중요하지 않다. 늙어 가는 얼굴은 그 무엇으로도 막을 수 없는 법으니까. 아등바등 오십이 되기를 거부하며, 엄청난 돈과 노력을 투자하여 인형 같은 얼굴이나 천진한 아기 같은 피부를 유지해 보았자 이력서에는 티끌 하나 없는 피부를 자랑할 수 있는 칸은 없다. 나이를 써 넣어야 하는 칸만 있을 뿐.

물론 외모가 뛰어나면 성공은 따 놓은 당상이라는 과학적으로도 입증된 깨달음을 근면이나 재능으로 무너뜨릴 야심이 없다면 제때에 외모 가꾸기에 돌입하는 것이 좋다. 아직 쓸 만할 때 시작해야 돈도 적게 들고 시간도 적게 든다. 그렇다고 주름 하나 없는 팽팽한 얼굴에 너무 많은 기대를 해서는 안 된다. 켄과 바비를 이사로 특채하겠다고 나선 기업은 아직 한 곳도 없는 실정이니 말이다.

매일 매일이 수의 날이다

수는 만물의 본질이다.
―피타고라스(Pythagoras)

출세의 사다리를 끝까지 오르고 싶다면 가끔은 아무도 가지 않은 지름길을 택하여 용감하게 낯선 정신의 광야를 가로질러 볼 필요가 있다. 그래서 똑똑한 머리들은 그 옛날 예언자들이나 연금술사들, 마녀나 마법사들이 사용하던 주술을 동원하여 속세의 경쟁자를 물리치기도 한다. 원래가 누구나 사용해도 아무 문제가 없는 비법들인데, 유독 장사꾼들만은 미신이니 광신이니 하면서 배척해 왔다. 그나마 이 장사꾼들도 반주로 마티니 석 잔만 들어가면 정신이 몽롱해지기 때문에 조심스럽게나마 옛 선인들의 비법에 다가갈 수 있다는 게 다행이다. ㄱ 중에서도 현대의 장사꾼, 요즘 경영인들에게 맞춤처럼 딱 맞는 비법이 있으니 이름 하여 수의 신비학이다.

수의 마력은 계몽된 현대 사회에서도 상당한 역할을 하고 있다. 실업자 수가 놀랍게도 줄어들어 버리는 노동청의 계산법도 그렇고, 자기 멋대로 꾸

몄는데도 문제 없이 먹혀 들어갔던 미국의 에너지 거대 기업 엔론의 분식 회계도 그러하다. 기업의 보고서에는 현실과 전혀 상관없는 숫자들이 계속 등장한다. 심지어 기업들은 기원마저 신비스럽기 그지없는 통계학이라는 자체 학문까지 거느리고 있다.

유사 이래 인간은 세계와 삶의 비밀을 수의 도움으로 해독하려 노력했다. 수많은 고위 사제들과 예언가들, 심령가들, 심지어 룰렛 게임가들까지도—노발리스(Novalis)의 표현에 따르면—"자연에서 놀라운 수의 신비가 작동하고 있듯 역사에서도 마찬가지다."라는 확신을 품고 있었다. 수의 신비는 특히 카발라(Kabbala)[1]에서 중요한 역할을 한다. 카발라는 신이 아브라함에게 손수 넘겨주었다는 텍스트인데 머리가 제법 돌아가는 남자들이라면 지금도 그 안에서 뭔가 흥미진진한 내용을 읽어 낼 수 있다고 한다. 물론 우리 같은 속인들이야 아무리 들여다본들 무슨 말을 하는 건지 도통 알 수가 없겠지만.

다들 들어 알고 있겠지만 정말로 흥미로운 지식은 선택된 사람들끼리 입에서 입으로 전해지는 법이다. 그런 그룹에 들어가기란 골프 클럽에 가입하기보다 힘들다. 그래서 우리 같은 범인들은 이 세상에는 풀 수 없는 수수께끼가 많다는 것을 일찍부터 인정하고 받아들인다. 하지만 가끔은 전문가들도 그래야 할 때가 있다. 노스트라다무스만 해도 그렇다. 미셸 노스트라다무

---

1) 중세 유대교의 신비주의. 교리는 다음과 같다. 창조 과정에서 악이 세계에 혼입되었는데, 그 악으로부터의 구제, 질서의 회복은 하느님 나라의 수립이라는 형태로 종말론적으로 실현된다. 사람은 하느님의 협력자로서 창조되어 천상계와 지상계의 접점을 이룬다. 신비가는 금욕 및 신과 천사의 이름을 외는 것을 통해 황홀경에 들어가며 천상계의 비의(儀)에 관해 신비적 경험을 얻는다.

스(1503~1566년)는 우리에게 942연의 예언적인 4행시를 남겼다. 우리가 이제 그가 선택한 수의 열쇠를 발견하여 이 4행시를 올바른 순서대로 정렬할 수 있다면 단번에 다음 몇 백 년 동안에 있을 온갖 재앙과 불행을 미리 알게 될지도 모른다. 아쉽게도 지금까지 그 4행시의 해독에 성공한 사람은 없었지만 그렇다고 해서 노스트라다무스의 예언이 전부 사기라고, 일기 예보나 홈쇼핑 선전만큼도 믿을 만한 것이 못 된다고 확신 있게 주장할 수 있는 사람 또한 없다. 그나마 확실한 건 2000년에 세계는 멸망하지 않았다는 사실뿐이다. 만일 그랬더라면 CNN이 야단법석을 떨면서 보도했을 테니까.

물론 2,000은 마법의 숫자다. 그렇다고 2000년이 바로 노스트라다무스가 예언한 그 2000년이었다는 뜻은 아니다. 옛날 왕들은 달력도 제 마음대로 만들어 썼으니까 우리가 살고 있는 이 2000년대가 진짜 2000년인지 아닌지는 아무도 모를 일이다. 하지만 수의 마력을 성공의 수단으로 활용하고 싶은 사람이라면 이래도 좋고 저래도 좋다는 이런 식의 태도는 곤란하다. 수비학(Numerology, 數秘學)[2]은 규칙을 정확하게 지켜야 하는 학문이니까 말이다. 원리는 로또와 같다. 맞는 숫자를 찾아야 한다. 일단 맞는 숫자만 찾으면 금전운, 애정운, 직업운은 저절로 따라온다고 한다.

그럼 어떻게 해야 맞는 수를 찾을 수 있을까? "여기요, 여기 숫자 좀 갖다 주세요!" 그렇게 외친다고 해서 웨이터가 재빨리 달려와 맞는 수를 갖다 주진 않을 것이다. 뭐 그렇다고 해서 그리 어려운 일도 아니다. 알파벳의 가 첫

2) 서양 점술. 수를 사용해서 사물의 본성, 특히 사람의 성격·운명 및 미래의 일을 해명·예견한다. 수는 만물의 원리이며 우주의 모든 것은 수에 의해서 질서가 정해진다는 피타고라스학파의 철학과 카발라(Kabbala)적 성서 해석법인 게마트리아(Gematria)의 전통에 바탕을 둔 것으로 여겨진다.

자는 1에서 9까지의 한 숫자에 해당한다. ABC 순으로 1~9를 대응해면 'I' 와 'S'에서 다시 1로 돌아온다. 예를 들어 내가 어느 도시에 가면 출세를 할 수 있나 알고 싶을 때에는 먼저 내 이름의 철자에 해당하는 숫자를 뽑는다. 그런 다음 그 숫자를 모두 더하고, 총합의 각 수를 다시 더해 한 자리 수가 될 때까지 더해 간다 예를 들어 1981이 나온 경우 1981=1+9+8+1=19→ 1+9=10→1+0=1이 된다. 이번엔 도시 이름을 이런 식으로 숫자에 대입하여 한 자리 수가 나올 때까지 더한다. 만일 도시의 숫자도 1이 나왔다면 그 도시가 바로 행운의 도시이다.

수비학에 관해 완벽한 정보를 담은 책들이 수없이 많이 나와 있다. 여기서 우리가 몇 줄 소개한 건 그저 독자들에게 앞으로 이 방법을 활용하여 행운을 갈고 닦을 의욕을 북돋아 주기 위해서다. 앞에서도 말했듯 자기 이름은 아주 중요하다. 그렇다고 해서 부들부들 떨며 자기 이름에 집착할 필요까지는 없다. 요시프 주가슈빌리처럼 외우기 힘든 이름이거나 마돈나 베로니카 루이제 치콘느 같이 긴 이름이면 애칭으로 대신해도 상관없으니까. 위의 경우 그냥 스탈린과 마돈나로 하면 된다. 정계나 연예계에서 성공하고 싶다면 가명을 지어 행운의 여신을 살짝 도와 줄 필요도 있다. 본명을 완전히 잃어 버린다 해도 출세와 성공을 위해서라면 그정도 상실의 아픔쯤은 참고 견딜 수 있어야 한다. 프레디 퀸[3]을 보라! 프란츠 오이겐 헬무트 만프레트 니들―페츠라는 본명을 그리워하지 않게 된 지 이미 오래다.

하지만 어떤 식으로든 운명을 바꾸고자 할 때는 매사에 조심 또 조심해서

---

3) 1959년 볼프강 슐라이프가 연출한 영화 「프레디, 기타 그리고 바다」의 주연 배우.

올바른 선택을 내려야 한다. 잘못하다가는 우리의 나폴레옹처럼 될 수도 있으니까 말이다.

나폴레옹 부오나파르테(Napoleon Buonaparte)도 처음에는 혁명이나 전쟁이라면 물불 가리지 않고 달려가는 꽤 쓸 만한 사람이었다. 그런데 명성이 키보다 더 커지자―사실 나폴레옹 정도의 키라면 식은 죽 먹기였겠지만―서명해야 할 일이 많아졌다. 그래서 나름대로 특단의 대책을 마련했다. 성을 보나파르트(Bonaparte)로 줄였던 것이다. 그렇게 하여 그의 성에서 빠지게 된 '우(u)'는 그의 성격은 물론 유럽의 역사를 바꾸어 놓았다. 나폴레옹이 완전히 돌아 버렸던 것이다. 그는 신성 로마 제국을 쳐부수고, 자크 루이 다비드[4]를 시켜 동물 보호용 캘린더에나 나올 법한 「생 베르나르를 넘는 나폴레옹」[5]을 그리게 했으며, 자신의 애인에게 목욕을 금지시켰다. 게다가 고집불통의 러시아인들에게 평등과 자유와 박애 정신을 가르치기 위해 60만 명의 남자들을 이끌고 모스크바로 달려갔다. 하지만 유감스럽게도 나폴레옹을 따라갔던 프랑스 군대의 상당수는 살아 돌아오지 못했다. 나폴레옹 자신만은 영광스럽게도 예외였지만.

키 작은 코르시카 남자 나폴레옹은 결국 아무도 모르는 벨기에의 작은 도

---

4) 1748~1825년. 18세기말 로코코 양식에 대한 반발로 일어난 신고전주의 양식의 대표적 인물. 프랑스 혁명 때에는 미술 집정관으로 일하면서 「마라의 죽음」을 비롯해 혁명 지도자들과 희생자들을 그렸다. 나중에는 나폴레옹 전속 화가가 되어 「대관식」, 「조제핀 황후에게 왕관을 씌워주는 나폴레옹」, 「서재에 있는 나폴레옹」 등을 그렸다.

5) 나폴레옹의 열렬한 찬미자였던 스페인 왕 찰스 4세가 다비드에게 이 초상화를 그리도록 하였다. 이 그림은 기운 넘치는 말 위에서 평온하게 앉아 있는 나폴레옹의 모습을 묘사하고 있다. 하지만 실제로 나폴레옹은 노새를 타고 알프스를 넘었다고 한다.

시에서 그의 워털루를 발견했다. 워털루는 스웨덴의 팝 그룹 '아바'의 노래로 다시 한 번 슬픈 명성을 얻었음에도 오늘날 그곳을 알고 있는 사람을 찾기란 쉽지 않다. 그렇게 세상에는 불행을 부르는 장소들이 있는 법이다.

한 마디로 위대한 한 남자(보나파르트)와 웬만한 크기의 땅(워털루), 이 둘은 '우(u)' 때문에 패배하고 말았다. 나로서는 그저 이런 역사적 사건을 통해 인류가 철자 하나에도 신중을 기해야 한다는 교훈을 얻게 되기를 희망할 뿐이다. 그래서 어느 날 우리의 흠잡을 데 없는 유로(Euro) 버전이 추잡한 에로(Ero) 버전이 되지 않기를.

수 이야기는 이것으로 충분한 것 같다. 이쯤 되면 아무리 고집 센 독자라도 과거의 수 신비학과 현대의 수비학을 한 번쯤 공부해 보는 것이 그리 나쁘지는 않을 것 같다는 결론에 도달했을 것이다. 물론 생각처럼 쉽지는 않을 것이다. 끊임없이 새로운 숫자들이 밀려들고 있으니 말이다. 우편 번호, 휴대폰 번호, 은행 계좌 비밀 번호, 인터넷 메일 비밀 번호 등등. 신께서도 아브라함에게 카발라를 가르쳐 주실 때 이런 번호들이 세상에 넘치게 될 줄은 미처 생각하지 못했을 것이다.

하지만 수비학의 분야에서도 문제가 생기면 해결책을 찾아야 한다. 그 해결책이란 대충 이렇게 정리할 수 있다.

직장에서 성공하고 싶다면 검은 숫자(흑자)를 써야 한다. 그리고 개인적인 행복은 사이즈의 숫자가 결정한다.

예수는 아주 별 볼일 없는 가정 환경에서 태어났다. 전업 주부였던 어머니 마리아는 다들 요셉이라고 부르는 목수하고 결혼했다. 예수의 생부에 대해선 자세하게 알려진 바가 없다. 하지만 모두들 예수의 생부가 성령이었다고 하고, 그 성령은 다들 알다시피 비둘기의 모습으로 나타나기를 좋아하는 것으로 미루어 파닥거리는 경박한 사람이었던 것 같다.

예수는 초라한 마구간에서 태어났다고 한다. 하지만 크게 불우한 상황은 아니었던지 예수가 태어나자마자 동방박사 세 사람이 와서 황금과 유향, 몰약 같은 값진 물건들을 선물해 주었다. 예수가 그 물건들을 어쨌는지 신약성서에는 아무런 기록이 없다. 그러나 예수가 일생 동안 돈을 한 푼도 벌어본 적이 없다는 사실로 미루어 볼 때 그 물건들이 어떻게 됐는지는 충분히 짐작하고도 남음이 있다.

예수의 유전자에는 기독교적인 성향이 숨어 있었던지 이리저리 돌아다니며 관용과 이웃 사랑을 설파했다. 그것도 하필이면 팔레스타인에서 말이다. 예수가 마침내 물을 포도주로 바꾸는 데 성공하자 추종자들이 급격히 증가했고, 이에 놀란 사람들은 그를 선동가이자 사회 혁명가로 낙인 찍어 처형했다. 그게 30년 4월 7일이거나 33년 4월 3일, 아니면 31년 4월 27일에 일어난 사건이었다.

그래서인지 예수의 이념 중에서 후대 기독교인들에게 가장 많은 영감을 주었던 건 역시나 알코올 생산이었다. 수도사들은 독한 맥주를 양조했다. 또 맛이 훌륭한 샤르트뢰와 샴페인 제조법을 고안한 오빌레 대수도원의 양조장 주임의 이름에서 따온 동 페리뇽 같은 리큐르 술을 제조했다. 요즘도 예수의 생일이 되면 수많은 기독교 가족들이 트리 아래에 모여 술을 마시며 축하를 하는 것도 다 이런 역사적인 이유 때문이다.

그의 성공 비결: 성령(Spiritus sanctus)

수단과 방법을 가리지 말고 성공을 향해!

신을 위해 양초를 켜지도 악마를 위해 부지깽이를 들지도 말라!
—러시아 속담

세계화로 하나가 된 큰 지구 마을에서 산다고 해서 작은 마을에서 살던 때와 크게 달라진 건 없지만 작으나마 차이가 하나 있기는 하다. 마을 교회들이 사라지고 있는 것이다. 요즘 사람들도 '보다 높은 것'에 대한 갈증은 여전하지만 그것의 대부분은 보다 높은 수입, 보다 높은 생활 수준에 머무르고 만다. 시간이 흐르면서 수많은 정신적 가치들이 사라져 버렸지만 그래도 초기에는 물질적 가치가 끝없이 늘어났기에 별로 문제가 되지 않았다. 하지만 경기 침체는 물질적 가치들마저 갉아먹었다. 그래서 지금까지 아무 문제 없이 잘 살던 많은 사람들도 예전의 절반밖에 행복하지 못하게 되었다. 옛 어른들의 말씀도 이제는 위안이 안 된다. '돈이 있다고 다 행복한 건 아니다.' 라는 말은 돈이 있는 사람들이나 할 수 있는 거니까.

유럽이 자부하던 복지 시스템은 무능한 정치가들의 공약 속에서 무너져

내리고 있다. 노동의 권리, 건강의 권리, 노후 보장의 권리, 이런 개념들을 국어 사전에서 삭제해 버리지 않는 이유는 오로지 몇 년에 한 번씩 선거 공약으로 이용해 먹기 위해서다. 그들의 공약을 아무도 믿지 않는다는 사실은 날로 감소하고 있는 투표율에서 입증되고 있다.

그러니 사람들의 마음은 불안하기 그지없다. 세상에 믿을 것, 믿을 사람이 하나도 없다! 물론 이런저런 위대한 이상은 있다. 세계화! 유럽 통합! 주가 상승! 자유 경제! 하지만 이런 이상들도 다 조금씩 흠집이 나 있다. 유럽의 경제 안정 협약은 서명에 사용한 잉크 만큼도 가치가 없다. 텔레콤 주식에는 타이타닉의 'T'가 숨어 있었고, 유명한 경제 전문가들은 문서 세단기로 바로 들어갈 수준의 연간 보고서나 작성하고 앉아 있고……

그리고 저기 한 사람이 서 있다. 아직 반평생은 더 살아야 할, 혹은 그보다 더 많은 세월이 남은 사람이. 그가 이렇게 묻는다. "뭘 믿어야 할까요? 누굴 믿고 살아야 할까요?"

정말 참담한 상황이 아닌가! 예전에는 어려운 상황이 닥치면 이런 말들을 했었다. "하늘은 스스로 돕는 자를 돕는다." 하지만 솔직히 말하면 그 시절에도 신께서는 훌륭한 공격수가 아니었다. 월드컵 시상식에서 브라질 선수들이 'Jesus ♥ you'라고 적힌 티셔츠를 유니폼 위에 입고 등장했던 그날 이후 '하느님'도 축구 실력이 좀 나아지기는 했지만 2등을 한 독일부터는 추호도 자기들 등수가 하느님 덕분이라고 생각하지 않았다. 중요한 비즈니스 일정까지도 티셔츠를 봐야 알 수 있는 인간이라면 가슴에 아무리 신성한 경구를 써 놓아도 현세의 불행을 막지 못할 것이다. 그러기에 더 높은 것을 추구하는 인간에게 남은 것은 단 한가지 방법뿐이다. 초자연적인 것, 신비한 것에 몰래 귀의하는 것이다.

하긴 요즘처럼 이 방법이 각광을 받았던 시절도 없었던 듯하다. 이렇듯 수요가 많다 보니 상상으로만 가능했던 일들까지, 심지어 그 이상까지 각종 방법들이 제공되고 있다. 고대 이집트인들의 비법에서 중세 마녀들의 비법, 나아가 미래의 클링온(Klingon)[1]에 이르기까지 행복과 돈, 성공과 권력을 쌓기 위한 수많은 방법들이 난무하고 있다.

수천 번의 시험을 거쳐 충족된 삶을 보장해 준다는 효력이 입증된 방법과 도구는 어디서나 쉽게 구할 수 있다. 별자리 점, 기도, 부두, 쿵푸, 보석, 색깔, 향기, 대마, 부적, 마스코트, 룬(Rune) 문자,[2] 전기 쇼크, 숫자, 주문, 금언, 아우라, 요가, 커피 앙금, 사마귀, 전화 정보, 관상, 사주, 사체 변태 성욕, 사회학…….

리스트는 끝없이 이어질 수 있다. 그리고 이 방법들을 최대한 다양하게 시험해 보는 것이 좋다. 하지만 그러기에는 우리 인생이 너무 짧아서 행복과 성공을 한 손에 거머쥘 수 있을 것인지를 결국 알아내지 못하고 세상을 떠나기 십상이다. 그래서 일부 사람들은 머리를 써서 다른 것 다 제쳐 두고 윤회에만 관심을 집중한다. 그래야 몇 번의 생을 더 얻어서 타로와 텔레파시, 추와 비치 발리볼 같은 것까지 다 시험해 볼 수 있을 것 아닌가.

물론 모든 신비로운 방법들이 이성을 갖춘 성인들에게 다 어울리는 건 아

---

1) 「스타트랙」에 등장하는 가상의 종족 또는 그들의 언어.

2) 북유럽과 브리튼 섬, 스칸디나비아 반도, 아이슬란드의 게르만족이 3세기 무렵부터 16세기(또는 17세기)까지 사용한 문자 체계.

니다. 「해리포터」나 「X 파일」은 아동용 버전에 가깝고, 악마주의는 편견에서 해방된 청소년 층에서 큰 반향을 불러일으키고 있다. 악마주의자들이 때로 묘지를 훼손하고 살 가치가 없는 이웃 남자에게 식칼을 들이댄다고 해서 서둘러 그들에게 유죄 판결을 내려서는 안 된다. 지극히 정상적인 스킨 헤드들도 그런 짓을 하니까. 하지만 그들의 경우는 더 높은 정신적 가치를 추구하기 위한 행위가 절대 아니다. 그러니 마약에 중독된 악마주의자들이나 루마니아의 기도 치료사들이 신문에 대서특필될 경우 신비적인 이미지가 손상될 위험이 높다. 그런 이유에서 수많은 사람들은 그런 현상에 관심을 가지면서도 무신경한 듯 그냥 지나쳐 버린다.

많은 사람들이 안 그런 척 하면서도 다 하고 있다. 세계인의 절반이 스티븐 킹의 책을 읽는다지만 별자리 점은 거의 모든 사람들이 읽고 있으니까. 좋은 현상이다. 별들이 자발적으로 나서서 다가오는 불행과 행복을 알려주겠다는데 나쁠 것이 뭐 있겠는가. 일간지에 실린 오늘의 운세가 대부분 난독증에 시달리는 편집부 인턴 사원 아니면 술에 취한 당직자가 작성한 것이라서 실수로 별 몇 개를 책상 밑에 떨어뜨렸다 하더라도 그 정도는 크게 중요치 않다. 별자리 점은 알찬 하루를 알려 주는 가장 값싼 길잡이다. 안심하고 오늘의 운세를 믿어도 좋다. 별자리 점의 적중률은 경제 전문가나 선거 예상 방송, 경마 정보지의 적중률보다 월등하게 높으니까 말이다.

하지만 별자리 점으로 우주의 신비로운 힘이 모두 소진될 리 만무하다. 인간이란 앞으로 잘될 일도 알고 싶어 하지만 무엇보다 성공을 가로막는 방해꾼에도 관심이 많은 법이다. 최소한 불행은 막아야 하지 않겠는가.

직장에서 겪을 수 있는 최고의 불행이란 역시 우리가 얼마나 이 회사에 필요한 인간인지를 상사가 몰라주는 것이다. 그래서 시간만 많이 들고 재미 없는 일거리만 넘겨주거나 괜히 사소한 일로 트집을 잡고 조금만 늦어도 천 장이 무너져라 소리를 지르고 숫자에 쉼표 하나만 잘못 찍어도 길길이 날뛴 다.

물론 상사가 아무리 변덕을 부려도 미소를 잃지 않고 우아하게 참아 줄 수 있다. 하지만 그런 시간이 계속되다 보면 문득 이런 의문이 들 때가 있다. 저 인간이 정상인가? 악마가 씐 게 아닐까?

악마는 우리가 생각한 것보다 훨씬 많을지도 모른다. 지금껏 알려진 바 로, 한 사람에게 씐 최고의 악마 수는 1만 2,000명이었다. 그리고 그 중에는 아주 사악한 악마들이 끼어 있을 수 있다. 악령학은 악마의 등급을 7군단으 로 나누고 있다. 물론 외인군단은 계산하지 않았다. 제일 비열한 악마 군단 은 이름도 비열하다. 네로는 부정과 독성을 담당하고, 여섯 번째 군단 출신 의 아부 고쉬는 살인을 담당한다. 같은 군단의 바라바스에게 씐 사람은 눈을 사팔뜨기로 뜨고 사람을 노려본다고 한다. 또 악마는 씐 사람의 입을 통해 말을 하기 때문에 그 사람의 얼굴에는 '사자와 같은 위엄'이 서리게 된다.

그러므로 상사가 삐딱하게 쳐다보는 사자 같은 모습이 되거든 얼른 사태 파악에 나서야 한다. 그렇지 않더라도 악마에 씐 인간의 몇 가지 특징을 유 념해 두었다가 살피는 버릇을 기르는 것이 좋다. 특징 중 몇 가지만 들어 보 면, 평소 같지 않게 야만인처럼 소리를 지르거나 갑자기 외국어를 유창하게 구사한다거나 끔찍한 표정을 짓거나 자기도 무슨 말인지 못 알아듣는 고상 한 말들을 마구 지껄여 댄다.

그럴 땐 어떻게 해야 할까? 방법이 있다. 악마 쫓기(엑소시즘, Exorcism)

를 이용하면 된다. 오랜 세월 잊혀졌던 이 기술은 교황께서 악마의 실재를 보증하겠다는 서약을 하신 후 갑자기 유행을 타고 있다. 악마 쫓기를 이용하면 악마는 100% 쫓아낼 수 있다. 한데 약간의 문제가 있다. 악마 쫓기는 반드시 전문 가톨릭 성직자들만 할 수 있게 되어 있다. 그 말은 여러분이 직접 성직자 서품을 받든가 아니면 성직자를 몰래 매수하여 상사들 틈으로 잠입시켜야 한다는 뜻이다. 회사에서 좋아할 리 만무하다. 잘못하다가는 직속 상사의 눈 밖에 날 수도 있다. 직속 상사가 처음 화를 냈을 때 잘 살펴봐야 한다. 해고 악마한테 썼을 경우 얼른 사표를 던져야 하니 말이다. 그러니 제일 좋은 건 아무도 몰래 살짝 악마 쫓기를 하는 것이다. 일단 『로마 예식서』를 사서 12장 「De Exorcizandis Obsessis A Daemonio(악령의 퇴마에 관하여)」를 달달 외우자. 그런 다음 상사를 만날 때마다 그 구절을 인용하는 거다. 물론 라틴어로 읊어야 한다. 갑자기 외국어를 중얼거리면 악마에 썼 상사가 여러분을 자기처럼 악마에 씐 동지라고 생각하게 될 것이다. 악마들이란 자고로 의리에 죽고 사는 타입들이라 상사는 당장 여러분을 자기 대변인으로 고용하게 될 것이다.

직장 생활에서 악마에 씐 상사보다 더 심각한 문제는 없겠지만 예방 차원에서 옛날 마술 책을 사서 몇 가지 마술을 익혀 두는 것도 좋겠다. 각종 난관이 닥칠 때마다 아주 유용하게 써먹을 수 있을 것이다.

예를 들어 며칠 전에 우리 부서에 새로 들어온 아르바이트생과 눈이 맞아 한바탕 섹스를 하고 나서 담배를 피고 있다. 그런데 상사가 부른다는 소리에 놀라 타고 있는 채로 휴지통에 버린다. 아! 물론 담배지, 설마 아르바이트생을 휴지통에다 버리겠나! 사무실로 돌아와 보니 불꽃이 훨훨 타오르고 있다.

119에 신고해서 소방차가 달려오고, 물을 마구 뿌려 중요한 서류나 컴퓨터가 다 익사하는 사태가 벌어진다. 회사에서 알면 당장 해고감이다. 이럴 때를 대비하여 우리의 마술 책은 '물 없이도 불끄는 법'을 일러주고 있다. 아주 간단하다. 주석 접시의 각 면에다 다음 구절을 적어 불 속에다 집어 던지면 금방 불이 꺼진다.

S A T O R [3]
A R E P O
T E N E T
O P E R A
R O T A S

혹시 직원들 중에 아무도 주석 접시를 가지고 있지 않은 아주 특이한 경우가 있을 수 있으니 예방 차원에서 큰 건물의 경우 스프링클러를 구비하는 게 좋겠다.

이렇듯 어떤 문제도 다 막을 수 있는 조상들의 주문이 오늘날까지 전해 내려오고 있다. 그 수많은 주문 중에서 한 가지만 예를 들면 이런 것도 있다.

---

3) 마방진(매직 스퀘어, Magic Square) 여러 부뷰(Cell)으로 나누어 숫자나 문자를 특수한 배열로 채운 정방 행렬을 말한다. 유럽에서 가장 흔한 문자 마방진은 단어가 SATOR, AREPO, TENET, OPERA, ROTAS로 이루어진 SATOR 마방진이다. 이 단어를 가로, 세로로 배열하면 의미 없는 문구 TENET가 중앙에 놓이게 되어 숨겨진 십자가가 나타난다. SATOR는 신 또는 구세주 혹은 예수, AREPO는 쟁기 혹은 경작, TENET은 법률, OPERA는 인간의 작품, ROTAS는 창조를 뜻한다. 주로 귀신 또는 액운을 쫓는 일종의 부적으로 여겨져서 문이나 벽에 새겨 두었다.

도난을 당했을 경우

도둑이 다시 훔친 물건을 제자리에 갖다 놓게 만드는 주문

옛날엔 집에서 키우는 닭이나 불을 끄는 주석 접시 같은 걸 훔쳐갔지만 요즘에는 옛날에 없었던 새로운 도난 물품들이 아주 많아 졌다. 예를 들어 여러분이 언론 부문에 투자를 했다. 비벤디 유니버설[4]이라고 치자. 맙소사! 갑자기 여러분의 주식이 곤두박질치기 시작한다. 그걸 두고 사람들은 운명의 장난처럼 받아들일 수밖에 없는 손실이라고 부른다. 하지만 실제 그건 근거도 없는 확신으로 인한 잘못된 경영이 여러분의 지갑에서 돈을 훔쳐간 상태이다. 그런 도난 사건을 막을 방법이 바로 여기에 있다. 비벤디 유니버설의 전 회장, 장 마리 메시에가 직접 찾아와—그 사이 현직에서 물러났기 때문에 시간이 넉넉해서 충분히 여러분을 직접 찾아올 수 있다—여러분의 돈을 되찾아 주기를 원한다면 다음 비방을 잘 지켜야 한다.

해가 뜨기 전 새벽에

관이나 말편자를 박는 못 중에서

한 번도 사용하지 않은 못 3개를 들고

4) 비벤디 유니버설은 AOL-타임워너를 모델로 국제적 미디어 그룹을 지향하며 기업 인수와 합병을 거듭해 왔다. 그러나 그 과정에서 부채가 늘어나고 주가가 폭락하는 등의 경영 위기를 겪었고 지난해 유럽 기업으로는 최대 규모인 136억 유로의 적자를 기록했다. 최근에는 적자를 줄이기 위해 회계 부정을 저질렀다는 의혹까지 겹쳐 주가가 1999년 대비 90%나 폭락했다. 이 회사의 장 마리 메시에 회장은 경영 실패에 대한 책임을 지고 물러났다.

배나무 있는 곳으로 가서

뜨는 해를 향해 들고 이런 주문을 외운다.

도둑이여, 그대가 훔친 물건을 다시 제자리로 갖다 놓도록.

이 첫 번째 못을 그대의 이마와 뇌에 박는다.

예수를 고발한 유다처럼 아프고 쓰라릴 것이다.

또 그대가 훔친 물건을 다시 제자리에 갖다 놓도록

두 번째 못을 그대의 폐와 간에 박는다.

지옥의 고통에 괴로워하던 빌라도처럼 아플 것이다.

그대가 훔친 물건을 다시 제자리에 갖다 놓도록

세 번째 못을 그대의 발에 박을 것이다.

오, 도둑이여, 그리스도의 성스러운 손과 발에 박혔던

그 3개의 못으로 나는 그대를 묶어 두어

그대는 다시 훔친 물건을 제자리에 갖다 놓게 될 것이다. 아멘!

이 못들에는 미리 처형식에 사용하는

미라에서 짜낸 기름을 발라 두어야 한다.

효과 만점인 마술이다! 다만 지금까지 이 방법을 이용하여 기아의 선상에서 벗어난 투자자들은 얼마 되지 않는다. 유감스럽게도 아직도 낙관적인 투자자들은 미라에서 짜낸 기름을 구비하지 않은 채 주식을 사 모으고 있다.

미래는 내 손 안에 있소이다!

승리를 원하거든 승리의 룬 문자를 잘라내 칼자루에 새겨라…….
—에다, 시그르드리푸말(『Edda』, 「Sigrdrifumal」)[1]

나폴레옹은 의욕이 넘치는 사령관이어서 오늘은 여기, 내일은 저기 전장을 전전하며 전투에 열을 올렸다. 그러니 생명이 위태로운 그의 직업을 승리로 장식하기 위해 그는 항상 더 높은 힘의 지원을 원했다.

나폴레옹보다 앞서 발렌슈타인이 그랬고, 나폴레옹에 이어 히틀러가 그랬듯 위대한 전쟁 지휘관들은 늘 운명의 여신이 미소를 보내 주었다. 그 때문에 평범한 사람들에 비해 훨씬 합리적인 숙고에는 의존하지 않고 오로지

---

1) 13세기에 편찬된 2권의 책에 실려 있는 고대 아이슬란드 문학 작품집. 『산문 에다』와 『시 에다』로 구분한다. 『산문 에다』는 1222~1223년에 아이슬란드 족장이자 시인이며 역사가였던 스노리 스튀르들뤼손이 썼으며 일종의 그리스도교 사람들을 위해 쓴 시학 교과서다. 『시 에다』는 800~1100년에 걸쳐 쓰인 작자 미상의 신화시와 영웅시를 모아 놓은 시집이다. 에다는 게르만 신화에 접근하는 가장 충실하고 자세한 자료이다. 「시그르드리푸말」은 『시 에다』에 나오는 것으로 전쟁의 처녀 시그드리파(Sigdrifa)와 영웅 시구르드(Sigurd, 지크프리트)의 이야기다.

운명의 손짓을 제대로 해석하는 데에만 열과 성을 다했다. 그것이 너무 과도한 부담이었던지 모두가 불명예스러운 종말을 맞고 말았다.

어쨌든 나폴레옹은 황제 자리까지 올랐다. 당시로서는 황제가 인기 높은 직종이었지만 요즘에는 일본에나 가야 볼 수 있는 직종이다. 더구나 일본의 천황은 명예직이라서 국민 총생산이나 꽃꽂이 및 할복의 수출에 큰 영향력을 행사하지 못한다. 오늘날 이 절대 왕정의 후계자들은 국가를 지휘하는 대신 기업을 선두 지휘하면서 CEO라는 타이틀을 달고 다닌다. 이것 역시 그리 나쁜 직종은 아니므로 야망이 있는 젊은 일꾼들이라면 운명과의 협력을 두려워하지 말아야 한다.

나폴레옹이 사용하여 큰 효험을 보았다는 유명한 신탁 책은 이런 목표에 더할 나위 없이 좋을 것 같다. 선과 점, 숫자와 철자로 이루어진 이런 간단한 시스템을 이용하면 행복과 돈과 성공에 관한 모든 질문에 상세한 해답을 얻을 수 있다. 예를 들어 보자.

질문: 앞으로 퇴직할 나이가 될 때까지 제가 큰 돈을 벌겠습니까?
대답: 이런 큰 불행을 피할 수 있을지 없을지는 오로지 당신 자신에게 달려 있다.

약간 퉁명스럽기는 하지만 신탁은 딱 할 말만 한다.

어쨌거나 신탁 책은 도전 정신이 투철한 우리 젊은이들에게 아주 저렴한 미래 투자다. 아니, 필수 투자다. 나폴레옹처럼 황제가 되지는 못하더라도 내 이름을 딴 꼬냑 하나 정도는 세상에 남겨야 하지 않겠는가!

세계 각 문화권마다 미래를 보는 방법은 아주 다양하다. 고대 로마인들은 제물로 쓴 동물의 창자를 보고 미래를 점쳤다. 고대 마야인들은 오히려 데니켄(Erich von Daniken)[2]의 책들 속에서 그들 존재의 심오한 의미를 찾았다. 그들은 특히 과거에 존재했었던 것에 대해 관심을 집중했다. 아랍 문화권의 경우, 특히 모카에서는 커피 앙금을 보고 미래를 예측했고 중국에서는 차 찌꺼기를 보고 미래를 점쳤다. 게르만 문화권의 경우 이 두 가지 방법이 오랫동안 사라졌다가 치보(Tchibo)[3]와 트와이닝(Twinings)[4] 지점들이 곳곳에 생겨나면서 미래를 예측하기가 훨씬 더 수월해졌다. 메데인 카르텔[5]이 세계화되고 난 후에 사람들은 콜롬비아 산이라는 것을 알아볼 수 있는 후각만 있으면 작은 하얀 선들로 미래의 운명을 읽어 낼 수 있게 되었다. 하지만 이런 현대적 기술들이 게르만 문화권에 유입되기 훨씬 전부터도 독일인들은 아주 간단한 방법으로 운명을 점칠 수 있었다.

예를 들어 젊은 처녀가 미래의 신랑감을 보고 싶을 때 10월 31일까지 꾹

---

2) 김나지움 시절 성경에 서술된 신이 '외계에서 온 비행사'일 수 있다는 생각에서 출발한 그의 이론은 1968년 『신들의 전차』가 출판되면서 절정에 이른다. 이 책은 세계 각지의 고고학적 유물에 대한 재해석과 발굴 작업을 통해 지구에 높은 문명을 가진 외계인이 도래했다고 주장하고 있다. 이후 『미래의 수수께끼』, 『나스카의 수수께끼』 등의 저서를 통해 고대에 외계인들이 지구에 와서 인간을 지배하고 인류의 진화 과정에 직접 개입했을 뿐 아니라 나스카나 마야 등의 인류 문명에 막대한 영향을 끼쳤다는 고대 외계 문명설을 일관되게 주장하고 있다.

3) 1955년 독일의 항구 도시 함부르크에서 한 평짜리 원두커피 전문점으로 시작해 1990년부터 해외에도 진출했다. 현재 50여 개국에 치보 매장과 치보 커피가 수출되고 있다. 최근에는 화장품 브랜드인 '니베아'를 합병하면서 그 세력을 더욱 확장해 나가고 있다.

4) 세계에서 가장 오래된 홍차 회사 중의 하나이다. 설립자인 토마스 트와이닝이 1706년 런던에 커피 하우스를 개점한 것으로 시작해 1717년에 홍차만 전문적으로 판매하는 골든 라이온이라는 점포를 열었다. 토마스 트와이닝의 아들 다니엘 트와이닝 대에 이르러선 영국 전역뿐만 아니라 세계적으로 유명해졌다.

5) 1980년대 미국 코카인 시장의 80% 이상을 공급해 온 콜롬비아의 최대 국제 마약 조직.

참고 기다렸다가 셔츠 소매를 물에 적신 다음 화덕에다 널어 말리면서 자정이 될 때까지 기다린다. 그럼 자정이 되면 미래의 신랑감이 소매를 돌리기 위해 나타난다. 신랑의 얼굴을 보자마자 처녀는 얼른 소리내지 말고 숫자를 세야 한다. 그것이 그 신랑하고 몇 해나 행복하게 살 수 있나 확인하는 방법이다.

이런 풍습은 그 형태가 현대화되기는 했지만 지금까지도 남아 있다. 젊은 아가씨들은 아무 날이나 골라 나이트 클럽으로 가서 셔츠가 젖었건 말랐건 자꾸 치근덕거리는 남자를 찾아낸다. 그리고 그가 그녀를 쳐다보면서 마법의 주문—"니네 집으로 갈래, 우리 집으로 갈래?"—을 외우자마자, 소리 없이 상대 남성이 몇 잔이나 마셨는지 숫자를 세야 한다. 그래야 그 인간이 오늘 밤 나를 행복하게 만들어 줄 수 있을지 없을지 확인할 수 있기 때문이다.

예언의 기술도 많은 것이 변했지만 그렇다고 해서 전통을 무조건 내팽개쳐서는 안 된다. 우리 조상들은 룬 문자로 미래를 점쳐서 상당한 재미를 보았지만 그 이유는 잘 모르겠다. 역사적인 자료가 대부분 후기 기독교인들에 의해 파괴됐고 얼마 남지 않은 룬 문자가 전달하는 내용 또한 확실하지가 않기 때문이다. 고대 게르만족은 작은 나무 토막들에 룬 문자를 새겨 토막을 한 웅큼 쥐어 수건에다 던진 후 수건을 마구 흔든 다음 그 중 3개를 꺼냈다. 이것이 로또의 기원이었다는 설도 있지만 물론 보장은 못한다.

극동 지방에서 유래한 게르만 신의 힘을 무조건 신뢰하고 싶지 않더라도 룬 문자를 통해 행복과 행운을 얻는 방법은 또 있다. 룬 문자에는 행운을 가져다준다는 그 어떤 부적도 갖지 못한, 룬 문자만의 특이한 장점이 있다. 즉 룬 문자는 몸으로 따라 할 수가 있다는 것이다. 몸으로 룬 문자를 쓰면 그 문자의 힘과 강인함이 우리 안으로 흘러 들어온다. 감자나 인삼 뿌리 모양도 룬 문자와 비슷하지만 아직 그 효력은 학문적으로 입증되지 않았다. 그러나 룬 문자의 경우 효력이 100%다. 그리고 서서도 할 수 있고 누워서도 할 수 있다. 74가지 체위가 가능하다고 하는데 순수 게르만족이라면 1~2가지 자세로도 그럭저럭 살 만하니까 굳이 힘들게 더 배워야 할 필요는 없을 것 같다.

룬 문자는 18가지로 되어 있다. 그 중에서 특히 추천하고 싶은 것이 있다면 바로 승리를 나타내는 티르(Tyr, ↑)이다. 자 한번 만들어 보자. 똑바로 양팔을 평소 상사에게 이렇게 말할 때 두던 그 자리에 두면 된다. "절 왜 부르셨어요? 모르시겠다고요?"

자세가 잡혔거든 지체 말고 일을 시작하라. 그 순간 갑자기 출세에 필요한 모든 것이 갖추어질 것이다. 실천력, 권력, 성공이!

가파른 출세는 정신력뿐 아니라 성적 잠재력으로도 얻어낼 수 있다. 그둘을 적절하게 배치할 수 있다면 퇴근 후 상사에게 가서 색골 룬 문자를 발사해라. 당장 퇴근 후 파티에 낄 수 있을 것이다.

하지만 이건 한 가지 방법일 뿐이다. 사실 룬 문자는 전부 시험해 보는 것이 좋다. 성공이 당장 찾아오지 않거든 바─룬(Bar 혹은 Beorc, ▷)을 권하고 싶다. 아주 간단하다. 바에 서 있는 것처럼 우아하게 구겨진 자세로 서 있으면 바로 그 열세 번째 룬 문자가 된다. 마실 건 주문하면서 그에 걸맞은 **주문**을 읊조려라. "나는 열세 번째(바─룬), 내가 사내아이에게 물을 뿌리면 그놈은 절대 전쟁에서 죽지 않아." 그럼 금방 주변에 친구들이 모일 것이다. 바─룬은 도수가 높은 술도 마다하지 않는 사람들─가수나 배우들─을 위한 특별한 부적이기에 쉽게 흥겨운 술자리가 마련될 수 있다. 그리고 술잔이 돌고 돌다 술에 취해 쓰러진다 해도 전혀 문제가 없다. 룬은 누워서도 신비한 괴력을 발산하기 때문에 그 자세만 취하면 간단하게 승리할 수가 있으니까 말이다.

부시 대통령은 일찍 일어났다가 일찍 잠자리에 든다. 그 사이 그는 대부분의 시간을 기도를 하며 보낸다. 그래서 정부 일에 개입할 시간이 없다. 그 덕에 그나마 지금까지 미국이 큰 손실 없이 유지될 수 있었다. 그렇다면 부시는 왜 기도를 하는 걸까?

번쩍 전기가 통해 깨달음을 얻게 해 달라고 기도하는 건 절대 아니다. 전기가 콘센트에서 나온다는 위대한 진리를 아는 사람이 이 세상에 존재한다면 아마 그 사람이 바로 부시일 테니까 말이다. 오랫동안 그의 에너지 정책은 '환경 파괴'라는 건강한 기초 위에 확고하게 뿌리를 내리고 있었고 그 덕분에 미국은 쇼윈도의 조명이나 전기 의자 같은 생활에 꼭 필요한 전기를 충분히 얻을 수 있었다.

그렇다고 부시가 친구나 후원자들을 위해 기도할 리 만무하다. "경제가 환경보다 먼저다."라는 그의 원칙은 그가 굳이 기도를 해 주지 않아도 어차피 그의 친구들에게 막대한 이윤을 보장해 줄 테니 말이다. 하긴 그 이윤도 얼마 못 갈 것 같기는 하다. 환경이 없으면 경제도 살지 못할 테니까. 막대한 조세 혜택에도 불구하고 제너럴 모터스나 AOL-타임워너 같은 기업들이 사헬 지대로 가지 않는 이유가 무엇이겠는가? 그렇다면 딸들을 위해서 기도할까? 딸들을 위해서라면 기도할 게 좀 있기는 하겠다.

성공을 위해서라면 굳이 신에게 애걸할 필요가 없을 것 같다. 부시가 '신의 나라'에서는 돈만 많으면 도덕적으로 문제가 있어도 대통령까지 해먹을 수 있다는 걸 몸소 입증해 주고 있으니까. 그렇다고 국가의 번영을 위해 기도하지도 않을 것이다. 국가는 부시가 불러나기만 하면 당장 번영할 테니까.

이렇게 볼 때 부시는 기도 분야에선 아주 나쁜 실례이다. 하긴 부시가 나쁜 실례를 보이는 분야가 어디 한두 가지인가.

그의 성공 비결: 신의 원조

합법의 가장자리에서 출세하기 1

모든 법에는 빠져나갈 구멍이 있다.
—마피아의 시집에서

말도 안 되는 격언이라면 조지 부시를 따라갈 이를 찾기란 쉽지 않을 것 같다. 부시의 목에는 과자가 아니라 말이 자꾸 걸린다는 소문도 있다. 그의 말이 워낙 무게가 없어서 내려가지를 못하고 목에 자꾸 걸린다고 말이다.

어느 날 미국 대통령께서는 도덕 없는 자본주의, 양심 없는 부는 없다고 연설하셨다. 그런 게 없다고? 천만에! 도덕 없는 자본주의, 양심 없는 부는 지금도 두 눈 시퍼렇게 뜨고 당당하게 존재하고 있다. 자본주의의 존립 근거는 숭고한 가치의 부재이다. 오늘날 경제의 모터를 가동시키는 가장 중요한 원동력은 탐욕이 아닐까 한다. 솔직히 탐욕 없는 사람은 없겠지만 문제는 그 수위가 남들보다 좀 높은 사람들이 적지 않고 너무 높아서 가만 놔두었다가는 큰일 칠 사람들도 제법 있다는 데 있다.

그렇다고 지난 10년 동안 미국 지도급 인사들의 수입이 500%나 늘어난 이유를 무조건 탐욕 탓으로만 돌릴 필요는 없겠다. 그들이 10년 전에 비해 500% 이상 일하고 노력한 결과라고 생각할 수도 있으니까 말이다. 하지만 현재의 경제 상황으로 미루어 보건데 그런 생각을 할 소액 투자자는 하나도 없을 듯하다. 하긴 대형 고급 자동차나 리어 제트기 같은 생활 필수품의 생산을 중단해야 한다면 경제 상황은 지금보다 훨씬 더 나빠질 것이다. 그러니 몇몇 지도급 인사들이 돈버는 일에만 급급한다 하더라도 참고 가만 내버려 두는 게 바람직할 것 같다. 사실 돈은 다른 가치들에 비해 훨씬 이미지가 좋다. 요트 한 척 사고 나서 돈 대신 도덕하고 양심밖에 줄 것이 없다면 그 무슨 민망한 일인가.

돈을 버는 건 합법적이고 즐겁고 공익에도 큰 도움이 될 수 있다. 문제는 요즘 돈 벌기가 녹록치 않다는 데 있다. 경기 침체로 능력 있는 사람들이 마구 거리로 쏟아져 나오다 보니 재취업의 숫자가 실직자의 숫자를 미처 좇아가지 못하고 있다. 그나마 일자리가 있는 사람들도 내일이면 자동화된 기계로 대체되고 말 것이다. 경제가 시급하게 필요로 하는 유일한 인간은 소비자 뿐인데, 문제는 이 소비자들이 부자가 아니라는 것이다. 사정이 이러하니 지금까지 홀대해 왔던, 사정을 잘 몰라서 무시해 왔던 분야로 한 번쯤 눈을 돌려 보는 건 어떨까?

무기 거래, 마약 거래, 여자 거래를 비롯하여 형법에 나열되어 있는 그 비슷한 거래 형태들을 정말로 박멸시켜야 한다고 주장하는 사람들은 그로 인해 인류에게 얼마나 엄청난 결과가 돌아올지 아마 한 번도 생각해 보지 않았을 것이다. 그런 거래들이 없어진다면 실업률과 평균 수명이 하늘 높은 줄 모르고 치솟을 것이다. 우리의 시스템이 처리하지 못해 쩔쩔매는 바로 그 두

가지 문제가 심각한 수준으로 첨예화될 것이다.

　조직 범죄―국가에 의해 자행되건, 개인에 의해 자행되건―는 상상을 불허하는 엄청난 매출액으로 세계 경제의 가장 튼튼한 기둥 역할을 맡고 있다. 그런데 이 기둥을 뿌리째 흔든다면 양 쪽에서 실업자의 숫자가 급속도로 늘어날 것이다. 한 쪽에서는 수천 명의 킬러들, 용병들, 딜러와 창녀들이 갑자기 거리로 몰려나올 것이다. 이들이 재취업 센터에서 억지로 컴퓨터 전문가나 유전자 공학자로 재교육을 받는다 해도 과거의 생활 수준을 유지하기란 힘든 일이다. 다른 쪽의 형편은 더 심각하다. 범죄 부족으로 일자리를 잃은 검사나 경찰, 세관원, 공무원들은 하루아침에 대학 강사나 필하모니 오케스트라 단원으로 키울 수 있는 재목들이 못 되기 때문이다. 그렇다고 이 사람들이 컴퓨터 전문가나 유전자 공학자 같은 멋진 직업을 얻을 수 있는 형편도 못 된다. 그 자리는 그들보다 한발 앞서 재교육을 마친 범죄자들이 이미 다 차지하고 있을 테니까 말이다.

　물론 조직 범죄가 사라진다고 해서 이 사회의 법의 수호자들이 전부 다 굶어죽는다는 말은 아니다. 어찌 되었건 악이란 주차 위반 표시 앞에 주차를 하거나 말 안 듣는 시어머니를 굶겨 죽이거나 이혼한 전처의 처갓집에 불을 지르는 무식한 인간의 탈을 쓰고서 전세계를 돌아다니며 절대 멸종하지 않을 테니까 말이다. 하지만 조직 범죄가 없다면 엄청난 빈곤이 우리를 급습할 것이다. 지금까지의 설명은 사실 빙산의 일각에 불과하다. 아주 간단하게 마약 업계의 대부 한 사람을 예로 들어 보자. 그런 사람들은 안 쓰고 아껴 모은 돈을 장롱 안에 넣어두는 타입들이 절대 아니다. 여러 가지 경로를 통해 모은 돈을 즉각 우리 경제로 환원시켜 많은 사람들에게 일 자리와 밥그릇을 보장해 주는 사람들이다. 1차적으로 그 혜택을 보는 사람들은 당연히 마약 공급 업자와 도매상, 중간 거래상, 소매상, 회계사, 돈 세탁부 등이다. 그리고 돈이 없으면 당장이라도 노동부 산하의 구직 센터 앞에 늘어선 줄을 엄청나게 늘려 줄 영화 제작자, 팝 스타, 모델, 광고 제작자 등이 2차적 수혜자들이다.

또 범죄율이 낮아지면 조직 범죄의 정보책, 친구들, 후견인들에게 적으나마 정기적으로 떨어지던 뒷돈이 완전히 사라질지 모른다. 그렇게 되면 공무원들은 월급으로만 생활해야 할 것이고 포르셰니 주말 농장이니 명품 핸드백 같은 삶의 아름다운 반려자들을 눈물을 머금고 포기해야 할 것이다. 전세계 수많은 정치가들은 필요한 자금이 없어 빈곤과 마약을 향한 위대한 투쟁을 멈추어야 할 것이다. 빈곤과 마약과의 투쟁이 그 정치인들의 선거 공약이었을까? 당연히 아니다. 요즘엔 약속도 마음대로 못하는 세상이다. 약속 하나 하는 것도 어찌나 돈이 많이 드는지, 다들 조심 조심이다. 공약은 안 내걸어도 그저 TV 광고료를 제일 많이 내는 사람이 선거에도 이기게 되어 있다.

조직 범죄의 또 다른 공로는 날로 늘어나는 인간 종족의 긴 수명을 단축시키는 것이다. 우리의 행성은 안 그래도 사람으로 넘쳐나고 있다. 그러니 아주 사소한 수명 단축 노력에도 깊은 감사의 뜻을 드려야 할 처지다. 무기 거래, 마약 거래, 여자 거래가 수많은 현대인의 평균 수명을 단축시키는 데 더할 나위 없이 적합하다는 데 이의를 제기할 사람은 없을 것이다.

공식적인 차원에서는 입을 다물고 있지만 조직 범죄는 세계 질서가 제대로 돌아가는 데 없어서는 안 될 중요한 요소이다. 세상의 모든 조직들이 은행과 기업, 정부에다 박아 놓은 돈을 한꺼번에 뺀다면 세계 경제는 엄청난 위기에 빠져 들고 말 것이다. 하지만 아무리 박해 받고 추적을 당하고 모욕적인 언사로 마음의 상처를 입는다 해도 우리의 조직들이 그런 일을 하지는 않을 것이다. 무슨 말인고 하니, 그 분야에서 출세하고 싶으면 너무 민감해서는 안 된다는 소리다. 아직도 이 직업에 대한 편견은 완전히 불식되지 못한 상황이다. 이 분야가 사회적인 인정을 받기까지는 아직도 많은 세월이 필요하다. 하지만 우리가 지나간 과거를 그냥 흘려보내지 않고 역사의 교훈을 가슴 깊이 새긴다면 언젠가 조직들도 사회적으로 인정받을 날이 오고야 말 것이다.

살인과 방화, 약탈을 서슴지 않던 자들이 황제가 됐고 노상 강도와 도둑떼들이 유럽의 귀족이 됐으며 노예상과 위스키 밀수업자들이 미국의 상류 사회의 주류가 되었다. 오늘날의 밑바닥 인생이 내일의 상류층으로 자라날 것이다. 그러니 왕손의 자의식을 갖추고서 자손들을 최고의 계층으로 보내 주고 싶은 사람이라면 범죄 조직원들이 내민 손을 간단히 퇴짜 놓는 그런 경솔한 짓을 저질러서는 절대 안 된다.

함법의 가장자리에서 출세하기 2

무기가 없다는 건 팔이 잘려 나간 것과 마찬가지다.
―프리드리히 실러(Friedrich von Schiller)

전쟁은 만물의 아버지다. 적어도 모든 전투의 어머니다. 평화주의자들은 그런 지혜를 도무지 인정하지 않으려 한다. 하긴 평화주의라는 이념 자체가 도무지 쓸 데라고는 없는 구제불능이니까 달리 무슨 말이 필요하겠는가. 모든 전쟁에는 언젠가 자동적으로 평화가 따라온다. 그러니 평화의 필수 조건은 전쟁인 셈이다. "평화를 원하거든 전쟁에 대비하라(si vis pacem, para bellum)."고 옛 로마인들은 말했다. 현대를 살아가는 우리도 가슴 속에 새겨 두어야 할 멋진 말이 아닌가! 지난 수십 년 동안, 수백 년 아니 수천 년 동안 이 지구상에서 인간들이 서로 뒤엉켜 싸우지 않은 날이 단 하루라도 있었을까? 없었다!

물론 많은 전쟁들은 노력 여하에 따라 피할 수도 있었을 것이다. 장기 교전 중인 아랍권의 갈등만 해도 그렇다. 몇 가지 아주 간단한 조치만 내린다면 완전히 종식시킬 수 있는 갈등이다. 먼저 팔레스타인 사람들이 아이들에게 딱딱한 물건은 무엇이든 절대 이스라엘 진영으로 던져서는 안 된다고 가르쳐야 한다. 문명 사회의 책임감 있는 부모라면 자기 자식들한테 돌을 던지지 말라고 가르칠 것이다. 그런 교육의 최소 조건이 왜 팔레스타인에서는 불가능하단 말인가? 팔레스타인의 젊은이들이 평화적으로 배우고 일하며 생활하기만 한다면 이스라엘 진영은 당장 궁지에 빠지고 말 것이다. 공격을 안하는 사람한테 역공을 할 수는 없는 일일 테니까 말이다.

이어 팔레스타인 어른들한테서 무기와 폭탄을 모두 빼앗아야 한다. 왜 이스라엘의 무기는 수거를 안 하느냐고, 불공정한 처사라고 항의할 수도 있겠다. 하지만 이스라엘의 경우 무기는 군인들만 지참할 수 있다. 그러나 팔레스타인의 경우 집집마다 부엌에 들어가 보면 총과 폭약이 여기저기 굴러다닌다. 정식 군대는 국가나 국제 단체가 규제를 할 수 있지만 미쳐 날뛰는 시민들은 도저히 손을 쓸 수가 없다. 그래서 먼저 팔레스타인 사람들의 살인 도구들을 수거해야 한다는 것이다. 팔레스타인의 입장에서는 무기가 없으면 방어를 할 수 없다고 주장하겠지만 내가 보기엔 무방비야말로 최고의 방비책이다. 평화로운 팔레스타인 사람들이 있으면 기도 뒤에 아멘이 자동적으로 따라 나오듯 자동적으로 평화로운 이스라엘 사람들도 따라올 것이다. 만일 이스라엘 사람들이 평화로운 팔레스타인 사람들을 공격한다면 국제 사회의 비난이 쏟아질 것이 뻔하다. 어쩌면 미국마저도 이스라엘에 등을 돌릴지 모른다. 평화가 유지된다면 팔레스타인도 이스라엘도 짧건 길건 정상적인 생활을 이어갈 수 있다. 아마도 길게 이어갈 것이다. 이미 너무 많은 사람이 죽었고 또 너무 많은 슬픔과 아픔이 있었으니 말이다.

유감스럽게도 이렇게 간단한 방법을 정치가들은 도저히 이해하지 못한다. 아마 너무 간단해서 그럴 것이다. 정치가들의 생각이란 아주 단순한데도 다른 사람들이 읽어 내기는 힘들다. 남이 못 읽게 해야 혹시 책잡힐 일이 있어도 상대가 오해한 거라고 둘러댈 수가 있지 않겠는가. 하지만 그들의 머리 위에 달려 있는 말 풍선이 단순한지 복잡한지는 그리 중요하지 않다. 정치나 종교, 기후 따위는 어차피 잔챙이들이다. 갈등의 내면에는 더 심오한 이유, 더 큰 월척이 숨어 있다. 그것은 바로 돈이다.

이스라엘은 초현대식 병기들을 갖추고 있다. 팔레스타인 사람들은 엄청난 양의 무기와 폭탄을 숨겨 놓고 있다. 이것들이 거저 얻어지지는 않았을 것이다. 전쟁은 사업이다. 누군가가 죽으면 누군가는 이윤을 본다. 아랍권만 그런 게 아니다. 콩고에서 코소보까지, 바스크에서 바그다드까지 무기 사업은 번창 일로를 달리고 있다. 사람들은 무기를 좋아한다. 세상 어디서나 그렇다. 미국은 엄청난 돈을 스타워즈 프로그램에 쏟아 붓고 있다. 나머지 나라들은 미국이 판매에 열을 올리고 있는 차세대 전투기를 구입한다. 하지만 그건 아주 인도주의적 행동이다. 이 초현대식 병기는 절대 적을 다치게 하지 않을 것이기 때문이다. 그저 수백만 납세자들의 피를 조금씩 빨아서 그게 좀 유감이긴 하지만 말이다.

그러니까 무기 거래는 이익이 엄청나게 남는 미래의 유망 업종이다. 또 위기 걱정이 전혀 없다. 무기 제작자들이 애써 조장하지 않아도 위기는 앉아서 줄을 지어 계속 찾아올 테니까 말이다. 이 분야로 진출하고 싶은 사람이라면 합법적 거래냐 불법적 거래냐, 이 두 종류의 무기 거래 중에서 하나를 선택해야 한다. 언뜻 보기에는 이 두 방식이 정확하게 구분되지 않는 것 같다. 과잉 생산으로 인해 뒷거래를 하지 않는 무기 산업체는 없으니까 말이다. 그러나 주문량에 있어서 합법과 불법 사이에는 엄청난 차이가 있다. 전함 몇 척, 탱크 1개 사단, 차세대 전투기 10대, 이런 물량이면 전쟁이 하고 싶어 안달이 난 전쟁광한테 팔아치웠어도 합법이다. 반면 역 근처에서 중고 마카로프 한 대를 싸게 팔아 넘겼다면 그건 100% 불법이다.

이 책을 흥미진진하게 읽은 독자가 이 책에 나온 충고를 가슴에 깊이 새기고 전부 실천에 옮긴다고 해도 아무 기반도 없이 국제 무기 산업체를 만들어 낼 수는 없다. 또한 이 책을 읽고 의욕에 넘치는 독자가 있다고 해서 그들을 불법 무기 거래의 어두운 갓길로 안내해서도 안 된다. 하지만 다행스럽게도 합법과 불법 사이에는 편견에서 해방된 회색 지대가 있다. 무슨 말인고 하니 무기를 사고 파는 모든 나라에는 별 볼일 없는 약속도 해 주고 약간 협박도 섞고 돈 뭉치도 슬쩍 보여 주면서 필요한 설득 작업을 해 줄 중개인이 최소 한 사람은 필요하다. 이 사업의 특성상 양쪽이 다 만족하려면 반드시 제3자의 도움이 있어야 한다. 이 사람은 꼭 필요한 적임자들을 쏙쏙 골라낼 줄 알아야 한다. 물론 올바른 스위스 계좌 번호도 알고 있어야 한다. 그래야 기부금이 실수로 다른 정당으로 넘어가는 일이 안 생길 테니까 말이다.

참 흥미로운 직업이다. 최상류 계층만 만나고 비용은 넉넉하며 떨어지는 할당률은 입이 떡 벌어진다. 지적인 요구가 있겠지만 참을 만한 정도다. 이 직업에 종사하자면 계산을 잘해야 한다. 기록을 남기는 버릇이 있어도 크게 나쁘지 않다. 다만 극도의 자제력이 있는 사람이어야 한다. 훗날 우연히 그 사업에 참여하지 않게 된 정당이 십중팔구 조사위원회의 발족을 요구할 것이고, 그렇게 되면 모든 문서가 조사 대상에 오를 테니까. 물론 도무지 완전한 것이라고는 없고, 읽을 수도 찾을 수도 없을 것이고, 위조와 조작으로 점철되어 있는데다 헷갈리고 훼손된 것들 투성이일 것이다. 결국 위원회의 조사는 성과 없이 미궁 속으로 빠져 들 것이고 늘 그렇듯 사건을 질질 끌다가 납세자들의 피땀만 불필요하게 낭비한 꼴이 되고야 말 것이다.

아무리 생각해도 기록은 없을수록 좋겠다. 컴퓨터에 남긴 기록도 마찬가지다. 성공하고 싶다면 모든 것을 머리 속에 담고 다녀야 한다. 이름, 날짜, 계좌 번호……. 하지만 또 머리 속에 든 것을 순식간에 잊어버릴 수 있는 능력도 갖추어야 한다. 부분 기억 상실증이 무기 거래 중개인의 피할 수 없는 직업병으로 인정받은 지 오래다. 그래도 포기하지 않고 물고 늘어지는 끈질긴 검사한테는 마지막 카드로 알츠하이머 패를 내보일 수도 있다. 하지만 맡은 역할에 너무 충실하다가 자칫 자신의 스위스 계좌 번호마저 잊어버리지 않도록 조심해야 한다.

기억을 잃어버리고 스위스의 이 은행 저 은행을 돌아다니며 혹시라도 여러분을 알아보는 기억력 좋은 은행장을 만나게 되는 기적을 바라다가는 아마 쓰디 쓴 절망에 몸을 떨게 될 날이 올지도 모른다. 망각이라면 스위스인들도 천하무적이니까. 그 동안 스위스 은행장도 기억력의 절반은 상실했을 것이다. 그저 자기 재산을 넣어 둔 계좌번호라도 기억하고 있는 게 어디냐며 감격하고 있을지도 모를 일이다.

스텝 지역의 작은 부족 족장의 아들이었던 테무진은 아버지의 복수를 위해 타타르와 맞서 싸웠다. 그 결과 두 가지 전혀 새로운 세상이 선 보였다. 바로 몽골 제국과 비프 타타르(Beef Tartar)[1]이다.

훗날 칭기즈 칸이 된 그는 민주적 선거로 선출된 지배자로, 세계사에서 가장 천재적인 정치가 중 한 사람으로 손꼽힌다. 그러나 당시 그의 이름은 공포와 두려움을 조장하며 도처로 퍼져 나갔다. 그의 제국은 이름조차 어려워 도저히 외울 수도 없는 온갖 민족들과 나라들을 계속 합병함으로써 이루어졌기 때문이었다. 현재의 유럽 연합과 아주 흡사하지만, 당시만 해도 농업 지원금으로는 합병이 되지 않았던 모양이다. 그래도 칸은 정복한 종족들을 존경과 관용으로 다스렸고 다문화 사회의 법과 종교를 지혜롭게 지켜 주었다. 심지어 후계자 문제까지 깨끗하게 정리해 주었기 때문에 몽골 제국은 그가 죽은 후에도 계속 번영할 수 있었다.

몽골에서 베이징을 거쳐 우크라이나까지 뻗어 있었던 그의 제국이 이란과 북한 같은 깡패 국가들도 여럿 거느리고 있었던 탓인지 지금까지도 '악의 축'이 어쩌고저쩌고 말들이 많다. 칭기즈 칸이라는 이름은 예나 지금이나 절대적인 공포와 동의어로 취급되고 있으니까 말이다. 뭐 그것도 나쁘지는 않다. 그를 보고 많은 점을 깨달아 요즘 열강의 정치가들이 그와는 전혀 다른 정책을 펼치게 된다면 그보다 더 좋은 경사가 어디 있겠는가.

그의 성공 비결: 적국의 접수

---

1) 몽고족은 식사용 쇠고기를 말 엉덩이에 매달고 다녔는데 오랜 원정 동안 말의 움직임으로 인해 부서지면서 고기가 부드러워졌다 한다. 이때 쇠고기에 야채를 집어넣어 먹었던 것이 유래가 되어 유일하게 쇠고기 중 날 것을 먹게 되었다. 이름은 몽고계 타타르족 이름에서 유래됐다.

외국과의 관계

웨이터는 우리가 모르는 말을 듣는다.
연미복이 사각거리면 벌써 알아서 달려가니까.
—빌헬름 부슈(Wilhelm Busch)

오늘날 세계는 하나의 지구촌이라 해도 과언이 아니다. 따라서 지구라는
이 다민족 가족의 그 어떤 낯모를 구성원에게라도 편견 없이 다가갈 수 있어
야 한다. 그런데 이게 또 말이 안 되는 헛소리다. 자고로 확고한 편견이 있어
야 다른 민족 구성원들의 기질을 잘 맞출 수 있는 법이다. 사람들은 우리가
그동안 알고 있던 그 모습 그대로 살아간다. 이것이 진리라는 것은 지나 온
시간들 속에서 이미 입증되었다.

이탈리아 사람들은 전형적인 '폼생폼사형' 들이라 수입 중에서 패션에 투
자하는 비율이 늘 유럽에서 최고를 경신한다. 구두 하나에만 수입의 2% 이
상을 지출한다. 뭐, 그게 나쁘다는 건 아니다. 페라가모의 구두가 게르만족
의 자작나무 막대기 샌들보다야 더 우아할 테니까 말이다. 독일인들은 어떤
신을 신는다 해도 걸어 다니는 걸 싫어하는 민족이라 구두에는 수입의 0.9%

밖에 투자를 안 한다. 대신 전 유럽에서 제일 많은 돈을 자동차에 지출한다. 그리스 사람들은 담배 외에는 돈을 쓰는 데가 없지만 그건 정당 방위이다. 아테네의 공기는 담배를 피나 안 피나 숨을 쉴 수조차 없을 지경이니까 말이다. 반면 영국인들은 섬 기질과 공동체 의식 사이에서 갈등하느라 너무 지쳐 정치적 미래를 최대한 생각하지 않는 데에 많은 돈을 투자한다. 그래서 대부분의 수입을 술 퍼마시느라 다 써 버린다.

혹시라도 이런 편견들이 흔들린다 싶을 땐, 그래서 다시 마음을 다잡고 편견을 고수할 수 있는 자료가 필요하다 싶을 땐 서슴지 말고 유럽 연합에서 제출한 통계 자료를 살펴보라. 위에서 살펴본 국민의 특징들이 그 안에 고스란히 담겨 있을 테니까.

다행히도 이런 편견들은 아무 문제없이 잘 유지되고 있다. 하지만 이 지구상엔 수많은 민족들이 살고 있는지라 세상은 우리에게 근거 없는 편견 말고도 세계화나 다문화 사회에 대해 조건 없는 수용을 요구한다.

물론 원칙적으로 볼 때 거절해야 마땅한 요구들이다. 모든 문화는 원래 자기가 있던 자리에 가만히 머물러 있어야 한다. 미식 축구는 텍사스에, 디제리두(Didgeridoo)[1]는 호주에, 슈플라틀러 춤은 오스트리아의 슈타이어마르크에 있어야 한다. 어떤 문화건 그것이 수백 년 동안 유지되어 온 곳에서는 모두들 면역이 되어 아무렇지도 않지만 낯선 사람들이 보면 모두가 다 괴상망측하고 요상한 것들이다. 그 덕분에 남의 것을 보겠다고 지구 반 바퀴를

---

1) 오스트레일리아 북서부 원주민이 사용하는 곧은 나무 트럼펫. 일몰이나 할례식·장례식과 같은 종교의식을 거행할 때 연주한다.

돌아 달려오는 관광객들도 생기는 법이다.

그러니 뭐하러 문화 유산을 뒤섞겠단 말인가? 아프리카 밀림의 베토벤, 양쯔 강 유역의 요들송, 독일 맥주집의 게이샤? 다들 핏대 높여 외치는 문화의 융합은 실제 신제국주의의 또 다른 형태일 뿐이다. 세계는 어차피 강자의 것이니까! 미국 고속 도로변 술집에서 아시아의 차 문화는 딴 세상 이야기지만 크리스마스와 아무 상관 없는 아시아인들은 크리스마스 트리 장식에 엄청난 돈을 쏟아 붓고 있다. '다문화'라는 슬로건은 결국 잘 자란 여러 문화들을 목 졸라 죽이고 있고 다양성은 강자의 유니폼이 되어 가고 있다.

세계화 역시 문화의 지평을 확대하는 것이 아니라 획일화에 불과하다.

시장은 성장하고 문화는 좁혀지고 있다. 지난 몇 해 동안 100개가 넘는 소수 민족의 언어가 지구상에서 자취를 감추었다. 영원히 작별을 고하고만 것이다. 다민족 언어들 역시 조금씩 갉아 먹히고 있다. 세계는 전자 우편과 휴대폰 문자 보내기에 모자람이 없는, 다시 말해 인류의 시급한 욕구를 충족시켜 줄 수 있는 미국식 영어의 쿨한 변종들에 의해 체계적으로 정복당하고 있는 것이다. 어휘는 최소화되었고 뉘앙스는 쓸모 없는 것으로 전락했으며 행간의 의미는 제거됐다. 애매한 표현들!

음식 문화 역시 마찬가지다. 눈길 닿는 곳이라면 어디에나 패스트푸드점이 있다. 파리 전체가 맥도널드를 꿈꾸고 돈 많은 바이에른 사람들은 스시를 게걸스럽게 입 속으로 밀어 넣는다 어떤 민족에게는 물고기를 주고 어떤 민족에게는 쇠고기를 줄 때 신께서 과연 무슨 생각에서 그러셨을까? 아무도 궁금해 하지 않는다.

둘도 없이 행복한 상상이라도 사람에 따라 다 해석이 다른 법이다. 돈 잘 버는 사람들한테야 세계화가 1년 내내 신선한 딸기를 먹을 수 있다는 의미이겠지만, 철공소 노동자에게는 일자리를 잃는다는 의미이다. 다문화 사회란 많은 사람들이 동남아 파출부를 쓸 수 있지만 다른 한편으로는 많은 사람들이 동남아 파출부가 된다는 의미도 포함한다. 그로 인해 우리 주변에선 원주민과 이주민들 사이에 긴장이 일고 있다. 어떻게 안 그렇겠는가? 사람들이 함께 어울려 살려면 모두가 동일한 규칙을 지켜야만 한다. 두 팀이 운동장으로 가서 한쪽에선 핸드볼을 하고 한쪽에선 축구를 한다면 운동장을 서로 차지하려고 멱살 잡고 싸울 것이 뻔하다. 문화의 경기에서도 하나 다를 게 없다. 물론 우리는 관용적이고 진보적인 사람들이라 당장은 이렇게 말할 것이다. "여러 문화 중에서 어느 것이 더 좋은 문화인지 선택하자는 것이 아니다. 내 것이나 네 것 중에서 하나를 택하자고 합의를 하면 되는 것이다."

언젠가는 그렇게 될 것이다. 그리고 발전을 좇는 사람이라면 내 것이 아닌 네 것이 선택되는 것을 각오해야 할 것이다.

어쨌든 다행인지 불행인지 아직까지는 내 것이 선택되고 있다. 그리고 그것이 내 것인 동안에는 타인들도 '내 것'에 순응해야 한다. 세계 어느 곳에서나 다들 그렇게 생각하고 있다. 다만 외국인에게 배타적이라는 소리를 듣는 것이 두려워 입 밖으로 내지 않고 있을 뿐이다.

하지만 이런 껄끄러운 주제가 대두될 때마다 근본적인 질문을 던지지 않을 수가 없다. 왜 인간은 하필 외국인을 사랑해야 한단 말인가? 정부도, 아내도, 직업도 사랑하지 않는데, 심지어 자기 자신도 사랑하는지 않는데 왜 외국인을 사랑해야 한단 말인가?

현대를 살아가는 평범한 남성이라면 축구와 소주와 삼겹살을 사랑한다.

그 정도면 한 남자의 '사랑 재고량'은 거의 바닥을 드러내기 시작한다. 브루노 바나니의 팬티나 퀸의 CD만 해도 심장 한 켠에 겨우 남아 있는 자리밖에는 들어올 곳이 없다. 그런데 모든 것을 집어 삼키는 외국인을 향한 열정을 대체 가슴 어디에다 보관하란 말인가?

우리 한번 솔직해져 보자. 다문화 사회는 절대 우리가 벽에다 그렸던 그런 그림 같을 수 없다. 그것은 늘 일방 통행로였기 때문이다. 그것도 잘사는 서방 세계 쪽으로만 향하는 일방 통행로였다. 독실한 척 하는 프랑스 포도 재배 농부 300만 명이 사우디 아라비아에 가서 정착을 하고, 고리타분한 네덜란드 신교도 300만이 이슬라마바드에 가서 쓰레기 치우는 청소부로 일을 할 때 비로소 문화 간 접근은 가능할 것이다. 원칙적으로 다문화는 'OK'다. 하지만 원칙의 예외란 없다. "네가 나한테 어떻게 하느냐에 따라 나도 너한테 할 거야!" 이게 문화의 원칙이다.

다행히 서방 세계에선 이제 곧 외국인 문제가 사라질 것 같은 추세다. 유럽은 벽을 쌓고 있고 미국은 문을 닫고 있다. 외국인들에겐 자기 고향에 그냥 머물러 있는 것이 훨씬 좋을 것이다. 물론 고향에서 미국 스테이크와 독일 자동차를 팔아야 하겠지만 그것 때문에 고생스럽게 비행기를 타고 미국까지, 독일까지 장거리 여행을 할 필요가 없다. 미국에서, 독일에서 그들이 원하는 모든 것을 가져다줄 테니까. 이것이 세계화를 발명해 낸 진정한 이유이다. 국제적으로 성공하고 싶은 사람이라면 자신의 임무를 이런 측면에서 살펴보아야 한다. 100% 세계를 향해 문을 연다! 이 말이 무슨 뜻인고 하니 '외국인이 내국인인 곳에서는 우리 고향에서 하듯 그들을 함부로 취급해서는 안 된다.'는 말이다.

1936년 밀라노에서 은행원의 아들로 태어났다. 베를루스코니는 고달프지만 항상 즐거운 마음으로 인생의 역경을 헤쳐나간 전형적인 서민의 아들이다. 그의 인생 행로는 유람선에서 노래하는 그룹의 리더로 거의 원맨쇼 수준의 공연을 하면서 시작됐는데 이것은 그가 대단한 선견지명이 있음을 증명하는 것이었다. 왜냐하면 그는 오늘날 그런 식으로 성공한 정치가로 이름을 날리고 있으니까.

하지만 정상으로 가는 길은 가시밭길이었다. 어떤 때는 건축 회사 회장이 되어야 했고, 어떤 때는 '핀인베스트'라는 이름의 거대한 미디어 그룹을 창립해야 했으며, 이탈리아 최대의 백화점 체인을 운영하기도 했다. 그는 TV 방송국, 출판사, 일간지를 막라한 거대 언론 기업을 결합시키는 한편 프로 축구팀 AC 밀란도 지휘해야 했다. 또한 대체 어디서 그 많은 돈을 끌어오기에 이탈리아 최고 갑부가 됐냐는 끈질긴 질문 공세에 연일 시달리며 신경이 곤두서야만 했다.

그의 적들은 그에게 마피아와 부패, 세금 포탈을 들먹였지만 그는 꿋꿋하게 헤쳐 나갔다. "숲의 나무가 해를 향해 뻗어 나가듯 너의 감각을 항상 위로 향하게 하라."라는 그의 수호 성인의 모토에 충실하면서.

오늘날 실비오 베를루스코니는 이탈리아의 총리이다. 전후 59번째의 총리지만, 아마 인지도가 높은 총리로서는 첫 번째일 것이다. 언론에는 동에 번쩍 서에 번쩍 나타나는데다가 국가를 다시 옳은 길로 인도했기 때문이다. 그리고 혼란에 빠지기 쉬운 이탈리아의 정치에 새로운 종류의 투명성과 신뢰성을 선사했다. 자신에게 유리한 법만 만들어 그 법만을 투철하게 준수한다는 신뢰성 말이다.

그의 성공 비결: 준법 정신

권력에의 의지

권력의 비밀은 다른 이들이 우리보다 더 겁쟁이라는 사실을 아는 데 있다.
—루드비히 뵈르네(Ludwig Börne)

젊은이들은 무엇보다도 섹스와 성공과 돈을 원한다. 그걸 다 가지고 나면 이미 상당히 나이가 들었을 것이고 그후에는 자신이 휴식과 만족과 생각할 시간을 바라게 될 거라고 생각할 것이다. 착각이다.

모든 것을 다 갖춘 인간에게 주어질 유일한 것이 있다면 그것은 권력이다. 하긴 누가 줄 필요도 없겠다. 모든 것을 다 갖춘 인간이라면 술수를 이용하건 힘을 이용하건 삶의 절정이요, 절대적인 목표인 권력도 스스로 알아서 쟁취할 테니까.

물론 사람이라고 해서 다 똑같은 건 아니다. 여성들은 남성에 비해 권력욕이 덜하다. 권력자와의 정사에는 적극적이지만 그건 지방시의 모델이 입고 있던 옷이나 불가리의 보석 목걸이를 바라볼 때 느끼는 완벽해지고 싶은 욕구와 별로 다름이 없다. 물론 실수로 결혼한 무능한 남편을 출세시키기 위해 무진 노력하는 여성들도 많다. 이런 노력에 의해 성공한 정치가들은 아내의 내조가 없었다면 이 세상에 존재할 수 없었을 인물들이다. 반면 여성 스스로가 최고 권력의 자리에 오르기 위해 노력하는 경우는 극히 드물었다. 클레오파트라나 메디치 가문의 여성들, 에바 페론 정도를 꼽을 수 있겠지만 이들 역시 순수한 개인의 명예보다는 가문의 기업이나 왕가를 먼저 생각했다.

어떤 대가를 치르더라도 권력을 휘두르지 않으려는 이런 여성들의 성향은 그 자체로만 보면 호감이 갈 만도 하지만 한 번도 적절한 보상을 받아 본적이 없다. 오히려 학문이나 정치, 경제 분야를 막론하고 최상위층에서 여성을 찾아보기가 힘든 현실을 낳은 주원인이라 하겠다. 단 하나 예술, 언론 부문에서 최근 들어 한 여성이 1위 자리를 고수하고 있지만 그 여성이 하필이면 브리트니 스피어스라니 이 또한 진정한 진보라고는 보기 힘들다.

하지만 언젠가는 달라질 것이다. 남성의 세계로 진출하기 위해 여성들은 남성들의 꼴불견 특성들을 고스란히 답습하고 있고, 나아가 그 꼴불견에서 남성보다 한 발 앞서려고 애쓰고 있는 상황이다. 그러니 언젠가는 권력욕에서도 여성이 남성을 앞지르는 날이 올 것이다.

당연히 드잡이가 있을 수밖에 없다. 남자들이 싸우지도 않고 권력을 순순히 넘겨주지는 않을 테니까. 남자들은 아무리 적어도 권력이 있어야 살 수가있다. 국민을 이끌고, 당을 주도하며, 기업을 선두 지휘하고, 방송국 프로그램을 편성하고, 그도 안 되면 여비서 한 사람이나 밭에서 일해 줄 일꾼 하나정도 둘 수 있는 권력이라도 있어야 한다. 그런데 그 권력이란 것이 만인에게 돌아갈 만큼 풍족하지가 못한 게 흠이다. 그러니 평범한 남자들은 그저무기력한 바보로 살면서 꿈에서나 권력을 그리워할 수밖에 없다. 겨우 입에

풀칠이나 하면서 괜히 아내와 자식, 강아지들한테 화풀이를 해댄다. 남자들은 안타깝게도 유전적으로 그렇게 타고났기 때문에 어쩔 수 없다.

문제는 그 유전자가 남들보다 별난 인간이 적지 않다는 데 있다. 이건 몇 년에 한 번씩 미국에서 확인할 수 있다. 부족할 것 하나 없는 사람들이 갑자기 모든 것을 다 걸고 게임을 한다. 지금까지 쌓아온 명성, 값진 시간, 탄탄한 재산을 모두 내걸고 대통령이 되겠다고 길길이 날뛰는 것이다. 사실 가만히 따져 보면 대통령이란 장기 실업으로 더 이상 물러설 곳이 없는 실업자나 할 수 없이 받아들일 직업이다. 월급은 쥐꼬리만큼에 사생활은 완전히 포기해야 하고 엄청난 스트레스에 턱없는 인간들의 인신 공격을 감수해야 한다. 신변도 보장이 안 된다. "FBI밖에 신변 보장을 해 줄 데가 없다."는 말은 곧 운명에게 자신을 맡긴다는 뜻이다. 게다가 계속 친절하면서도 단호한 표정을 짓고 있어야 하고, 수십 개의 카메라가 돌아가는 와중에 프랑스 양파 수프나 러시아 틀니 냄새를 풀풀 풍기는 생판 처음 보는 정치인들과 끌어안고 얼굴을 부벼대야 한다.

그런데도 인간이 권력을 위해 하지 못하는 일이 어디 있으랴! 그래도 요즘에는 권력의 광채도 많이 퇴색했다. 특히 정치 권력은 별로 쓸 데가 없다. 백성의 생살여탈권을 쥐었던 권력자는 사담 후세인이나 김일성 같은 몇몇 독재자들뿐이었고, 그나마 그들이 활약하던 시대도 다 지나갔다. 대부분의 문명국에는 의회가 있고 법원이 있고 의료 보험 조합이 있고 동물 보호 협회가 있어서 국가 원수는 국민의 행, 불행에 아무런 영향력을 행사하지 못한다.

특히 유럽연합 회원국들의 정치가들이 무기력해서 진짜 중요한 결정은 브뤼셀에 있는 본사에 맡겨야 하는 지사장 역할밖에 못하고 있다. 물론 이런 정치가들에게도 자국 국민의 생활을 처참하게 만들 정도의 권력은 있다. 하지만 이 시골 황제들이 이런 조건에서 진정한 만족을 느낄 리 만무하다.

현재 진정으로 권력을 가진 정치가들은 특이하게도 자국에서는 능력을 인정 받지 못하고 브뤼셀(벨기에의 수도. 유럽연합의 본부가 있다.)로 쫓겨난 사람들이다. 몇몇은 그곳에 가서도 정치가다운 면모를 보여 주지 못하고 있다. 그래서 솔라나스, 페르호이겐, 프로디 등은 역사책에 비집고 들어갈 자리도 얻지 못했다. 반면에 엄청난 권력을 행사하고 있는 사람들도 적지 않다. 마리오 몬티, 로욜라 데 팔라치오, 프란츠 피슐러 같은 사람들이다. 아직은 그들을 전통적인 정치가로 분류할 수 있겠지만 그래도 그들은 큰 돈을 주무르는 사람들이다. 정치에서 경제로 권력이 이양되고 있다는 또 하나의 증거다.

그러니 오늘날 권력을 추구하려면 자유 시장 경제의 기둥을 타고 올라가야 할 것이며, 자본 시장에서 인기가 높은 기업에서 경력을 시작해야 할 것이다. 이런 기업에는 당연히 각 국가들의 정부도 포함된다. 권력 욕심이 대단하지 않은 사람들에겐 정치가 꽤 괜찮은 놀이터일 테니까. 정치가들은 본업이 꼭두각시라서 자국의 재계가 이 '경제의 본거지'에게 걸고 있는 기대를 실천에 옮겨야 하는 것이 마땅하지만 최대 규모의 대기업과 그 이익 대변인들조차도 그 대가로 자국 정치인들에게 일정 정도의 특혜를 허용해 준다. 그래서 정치인들은 추모제나 축제를 개최할 수 있고 대도시의 신호등 파란불 시간과 동성애의 최하 연령을 결정할 수 있으며 9.11 테러를 비난하고 노동 시장 통계 자료를 미화하고 가끔은 토크쇼에까지 납시거나 노인들에게 틀니 보조금을 지급할 수도 있다.

그러는 동안 어느 정도 권력의 잠재력이 축적되어 통례적인 관용차나 최악의 경우에도 모자라지 않을 정도의 노후 연금이 거론될 정도면 정치적 이력은 성실한 직업보다 훨씬 낫다. 그에 필요한 전제 조건은 금방 마련된다. 결국 국민의 대표는 나라마다 언젠가는 등장하게 될 노벨 수상자를 대변하는 사람들이 아니라 다수 대중을 대변해야 하는 사람들이다. 국민 가까이에 있어야 하기에 발랄한 편협함과 공평한 무능력, 가릴 것 없는 돈 욕심은 정치가의 작업 필수 도구다. 시작은 보잘 것 없다 해도 지식욕이 강하고 인간에 대한 호기심만 넘친다면 상당히 빠른 시간 안에 출세의 사다리를 탈 수있다. 적어도 누가 누구와 정을 주고받는지 어디에 손을 뻗어야 돈 봉투를받을 수 있는지를 완전히 파악하고 있는 한.

정치적 권력을 원한다면 지금 당장 재계로 뛰어 들어가라! 모순된 말 같지만 정치가가 기업을 사는 쪽보다는 기업이 정치가를 사는 쪽이 훨씬 현실적이다. 물론 매사가 그렇듯 여기서도 겸손한 자세를 잃지 말아야 한다. 제너럴 모터스와 독일 은행의 사장이 갑자기 탄생하는 건 아니니까 말이다. 자동차를 운전하고 빚을 져서 그 두 분야로 진출할 기본 조건은 갖추었다 하더라도 워낙 경쟁이 심한 부문들이다. 그러니 차라리 영향력 면에서 아주 낮은평가를 받고 있는 합자 회사에 관심을 가져보는 것도 나쁘지 않을 듯하다.

국내 권력에 만족한다면 동물 보호 협회도 적극 추천하는 바이다. 사실일반인들은 동물 보호 협회들이 얼마나 많은 돈을 끌어 모으고 있고, 얼마나엄청난 압력을 행사하고 있는지 잘 모를 것이다. 게다가 고객들도 더할 나위없이 편하다. 일을 좀 못한다고 동물들이 검찰에다 진정서를 제출할 수는 없을 테니까 말이다.

권력의 중심부로 바로 들어가고 싶다면 스포츠 분야를 권하고 싶다. 하지만 주의하라! 이 분야의 톱 스타들을 그대로 따라하다가는 큰일이 난다. 미하엘 슈마허와 타이거 우즈는 세계에서 손꼽히는 갑부들이지만 그 대신 엄청난 노력을 경주한다. 눈에 보이지 않는 속력으로 달리는 자동차에 앉아 무의미하게 맴을 돌아야 하고, 작은 공 하나 작은 구멍에 집어넣어 보겠다고 매일 매일 풀밭을 걸어다녀야 한다. 그것도 다른 사람들보다 빨라야 하고 다른 사람들보다 정확해야 한다. 정말 엄청난 정신력을 요구하는 일이지만 결국에는 그에 상응하는 보상을 받을 수 있다. 단 진짜 미하엘 슈마허와 타이거 우즈여야만 한다.

그나마 종목을 불문하고 스포츠가 직업으로 변질된 곳에서는 건질 것도 별로 없다. 지네딘 지단 같은 유명 선수라도 감독의 호루라기 소리에 따라 춤을 춰야 한다. 하지만 레알 마드리드의 구단주에게 감히 호루라기를 불어댈 사람은 없다. 그러나 진짜 세계적인 대기업은 국제 축구 연맹(FIFA)과 국제 올림픽 위원회(IOC)이다. 이 정도는 되어야 진짜 권력과 사업이 오간다. 비리와 족벌 체제, 부정부패와 계략 등 우리가 높이 평가하는 모든 조건을 고루 겸비한 국제 정치가 운영되고 있는 것이다. 그런 기업에서 출세하자면 상당한 배포와 무엇에도 굴하지 않는 관철 능력이 필요하다. 사실 그것을 빼고 나면 권력의 선상에서 같이 뛰는 데 뭐가 더 필요하겠는가?

아니, 한 가지가 빠졌다. 한시바삐 '경쟁과 유희성을 가진 신체 운동 경기의 총칭'이라는 스포츠의 사전적 정의를 잊어버려야 한다. 카바레¹⁾에서나 통할 말이니까. 현실은 '스포츠=돈'이라는 공식만으로도 충분하다.

특이한 자리에 있다가 권력을 얻을 수도 있다는 사실은 몇 가지 실례를 통해 이미 입증한 바 있다. 당장 연방 수상이나 유럽 중앙은행 총재가 될 필요는 없다. 동물 보호 협회나 공영 방송, 노동 조합, 정보 기관, 바티칸, 헌법 재판소에서도 작은 권력을 쌓아 나갈 수 있다. 물론 법을 통해 권력을 얻은 사람은 대법원 판사뿐이고 보통은 그 반대다. 철학자 스피노자는 그 시절에 벌써 그 사실을 간파하고 이렇게 말했다.

"권력만큼 권리가 있다."

---

1) 1880년대 프랑스에서 관객들이 무대를 중심으로 모여 앉을 수 있도록 한 작은 술집에서 유래되었다. 독일에서는 1900년대에 최초의 카바레가 문을 열었고, 1920년대 후반이 되면서 중산층 성인을 위한 외설 뮤지컬 쇼와 함께 점차 정치·사회에 대한 풍자가 많아졌다. 히틀러 정권 시기에는 반정부적인 정치 운동과 문학 운동의 중심지로 나치의 보복을 당하기도 했다. 제2차 세계 대전 후에도 시사적인 문제들에 대한 풍자와 토론이 이루어지는 장소로서 그 명맥을 유지하고 있으나 정치적 중요성은 많이 퇴색되었다.

액세서리와 미신

공적이 행운과 어떤 관계가 있는지 바보들은 절대 생각하지 못한다.
바보의 손에 현자의 돌이 떨어진다면 그 돌엔 현자가 없을 것이다.
—요한 볼프강 괴테(Johann Wolfgang von Goethe)

이 세상에는 너덜너덜한 구두를 신고 은행에 가고 하인들에게 어떻게 하면 물건을 오래 쓸 수 있는지 강연하는 괴팍한 부자들이 있다. 재산을 모을 줄은 아는데 그 재산을 왜 모으는지 모르는 사람들이다. 뻔뻔할 정도로 돈 많은 부자를 눈 감고 봐줄 수 있는 유일한 이유는 그들이 돈을 물 쓰듯 써서 경기를 진작시켜 경제 성장률이 경제학자가 보름달이 훤하게 뜬 날 커피 앙금으로 점을 쳐서 알아낸 수치에 근접하도록 만들어 주기 때문이다.

하지만 별난 행동으로 부자임을 과시할 용기가 없는 양심적 부자들에겐 큰 고민거리가 있다. 돈이 많다고 자랑할 수 있는 방법이 몇 가지 안 되는 것이다.

사무실의 크기와 면적은 성공 여부를 측정할 수 있는 척도가 되지만 몇몇 주변 사람들에게만 보여 줄 수 있을 뿐이다. 그렇다고 단골 술집에서 사무실이야기를 하다가는 주변 사람들을 썰렁하게 만들 것이다. 그러니 일반 대중에게 자신의 신분을 쉽게 과시할 수 있는 무언가가 필요하다. 가장 많이 사용되고 있는 것은 뭐니 뭐니 해도 역시 자동차다. 그런데 요즘 웬만한 사람들은 자동차 하나쯤은 다 가지고 있으니 자동차가 있느냐 없느냐는 그리 중요한 문제가 아니다. 자동차가 있기는 있는데 그게 과연 어떤 자동차냐 그것이 중요하다. 자동차의 선택에도 기본 규칙이 있다. 이웃이나 동료 직원들이 타고 다니는 수준의 자동차는 집에 두고 다니는 예비 자동차로나 사용해야 한다. 또 상사하고 같은 종류의 자동차를 타고 다니는 건 용서 받을 수 없는 불경죄고, 상사보다 비싼 자동차를 몰고 다니는 건 자살 행위나 다름없다.

안심할 정도로 높은 자리가 아니라면 비싼 부가티나 페라리 쪽으로 눈을 돌려서는 안 된다. 여자들이야 무수히 달려들겠지만 그런 차를 보고 달려드는 여자들한테도 절대 관심을 가져서는 안 된다. 실제 신분과 전혀 상관없는 신분의 상징은 질투와 시기심 그리고 갑작스러운 세무 조사만 불러올 뿐이다. 반대로 자기 신분에 턱없이 못 미치는 상징들 역시 괜한 의혹의 눈길만 끌어들인다. 러시아의 인기 차 라다는 이제 러시아에서도 신분 상승의 상징으로 취급 받지 못하는 상황이고, 스마트는 취향이 유아적이라는 나쁜 인상만 심어 줄 것이다. 그러니 출세의 사다리를 열심히 오르고 있는 중이라면 중간급 자동차로 만족하는 것이 좋겠다. 그 정도 수준에서도 살펴보면 탈 만한 모델이 제법 많다. 타고난 천성이 워낙 우아하여 도저히 그 정도로는 만족을 못하겠다면 이를 악물고 오펠 쪽으로 눈을 한번 돌려보는 것도 좋겠다.

훗날 돈이 너무 많아서 애써 절약하지 않아도 될 나이가 되면 체면 문제도 있고 또 취향도 어느 사이에 달라져 있어서 날씬한 스포츠카 쪽으로는 통

눈길이 가지 않을 수도 있다. 그래도 상관없다. 진짜 상류층 사람들에겐 상표가 더 중요하니까. 그들을 위해 준비된 차가 있다! 최고위층의 상표 마이바흐! 현재 다임러크라이슬러가 그 옛날 황제나 왕을 위해 맞춤으로 제작하던 마이바흐를 이제는 민주 자본주의의 실력자들을 위해 맞춤 제작하고 있다. 고객의 주문이라면 저 하늘의 별이라도 따다가 자동차에 달아 줄 상표다. 하지만 아무리 돈이 많아도 타고 싶을 때 금방 탈 수 있는 차가 아니다. 연간 생산량 350대가 이미 다 예약을 마친 상태이니까. 전혀 놀랄 일이 아니다. 12기통에다 550마력으로 규격 엔진 중에서는 세계 최고를 자랑하며 내부 공간도 세계 최대이다. 더구나 고객이 자기 취향에 따라 자동차를 꾸밀 가능성은 200만 가지가 넘는다. 물론 약간의 별도 요금이 붙을 것이다. 이것이 부담스럽다면 36만 유로에 불과한 기본 가격으로 구입해도 상관이 없다. 그것만으로도 상당한 효과를 맛볼 수 있을 테니까.

살아생전 마이바흐를 한 번이라도 타 볼 수 있을까? 그런데 마이바흐만 있으면 신분 상승은 완성되는 걸까? 물론 아니다. 손수 차를 몰고 다닌다면 아직 우리의 목표에 도달하지 못했다는 증거다. 이동 분야에서 절대적인 신분 상승의 상징은 기사이고, 또 앞으로도 그러할 것이다. 하지만 마이바흐를 타고 다닐 정도면 기사 월급쯤이야 걱정할 일도 아니다.

자동차는 남자들의 소관이다. 여자들도 빠르고 편하게 목적지에 도착하고 싶은 마음은 남자들 못지 않지만, 여자들은 주말을 보닛 밑에서 닦고 조이고 기름 치면서 보낼 정도로 자동차를 사랑하지는 않는다. 여자들은 그보다 훨씬 더 작은 물건으로 자동차 못지않은 효과를 거둘 줄 안다. 예를 들어 신용 카드가 바로 그런 물건이다. 사실 신용 카드는 작은 기적이라 부를 만한 물건이다. 세상에 그렇게 값싼 제작비로 그렇게 효과적으로 자신의 신분을 자랑할 수 있는 물건이 또 어디 있겠는가. 물론 카드라고 해서 다 같은 카드가 아니다. 백화점 고객 카드나 미용실 포인트 카드로는 상류 사회에서 제대로 돋보일 수 없다. 일반 마스터 카드 정도로는 웬만큼 감동이야 주겠지만 그걸 보고 놀라 자리에서 벌떡 일어날 사람은 없다. 그러니 이 카드 게임에서 승리를 거두고 싶다면 적어도 아멕스 골드 카드 정도는 에이스 패로 소매 밑에 숨겨 두고 있어야 한다. 물론 시중에 유통되고 있는 이런 플라스틱 카드가 지폐 한 장 호주머니에 찌르고 다니는 것보다 무게도 많이 나가고 또 신문 한 장 사는 데도 동전으로 계산하는 것보다 시간이 세 배는 더 걸리지만 그런 단점들에도 불구하고 신용 카드는 대단히 실용적이다.

다만 카드들이 전부 모양이 똑같기 때문에 지갑에서 카드를 뺄 때는 항상 다른 걸 빼지 않도록 주의해야 한다. 정유 업체에서 파견된 거물급 고객에게 저녁 식사를 대접하고 나서, 혹은 중국에서 온 사업 친구에게 술 한잔 대접하고 나서 다이너스 클럽 카드로 계산을 하려고 했는데 그만 실수로 그린피스나 국제사면위원회(Amnesty International) 회원 카드를 웨이터에게 넘긴다면 순간 화기애애하던 분위기는 순식간에 얼어붙을 것이다.

하지만 여성들의 경우 남성에 비해 카드가 신분의 상징이라는 제 역할을 다하지 못하는 경향이 있다. 사실 여성들은 남성들만큼 카드가 절실한 것도 아니다. 몇 가지 아주 작은 소품만 있으면 충분히 자신의 신분을 넌지시 암시할 수 있으니까 말이다.

무엇보다 여성은 모피를 입을 수 있다. 인조 모피 생산 업체들이 동물 학대라고 비난을 퍼붓겠지만 자고로 비즈니스 세계에서 성공한 여성이라면 양식 밍크의 시신과는 질적으로 다른 시체들을 밟고 넘어서야 하는 법이다. 보송보송한 표범고양이 털 정도만 되면 그 어떤 반론도 왔다가 부딪혀 저절로 사라져 버린다. 신분의 상징으로서의 모피가 가진 유일한 단점이라면 겨울을 기다려야 한다는 것이다. 또 지금처럼 지구 온난화가 가속화되는 추세라면 얼마 지나지 않아 아무리 기다려도 겨울이 오지 않는 시절이 닥칠지도 모른다. 진짜 추위를 맛보려면 남극이나 우랄 산맥으로 가야 할 것 같은데 성공한 여성이 패션쇼를 하기에는 그곳 무대가 너무 황량하기 그지없다.

하지만 서구 문명 사회는 자기들 때문에 생긴 기후 변화에도 이미 해답을 찾았다. 매사에 선구적 사상가임을 입증했던 조지 부시가 이 문제에서도 남들보다 앞서 아주 간단한 해결책을 발견했다. 따뜻해지는 날씨에 인간이 익숙해지면 되는 것이다. 여성의 상의 문제도 크게 걱정할 것이 못 된다. 사랑하는 동물의 털을 옷으로 만들어 입고 다닐 수가 없으면 사랑하는 동물을 데리고 다니면 된다. 대부분의 동물은 여름에도 털을 달고 있으니 제아무리 기온이 올라가도 자연산 털을 과시할 수 있을 것이다.

또 하나 여성들만의 특권이 있다. 여성들은 보석을 달고 다녀도 된다. 물론 그렇다고 아무 데서나 보석을 주렁주렁 매달고 다녀서는 안 된다. 어두운 밤 골목길이나 숲이 깊은 공원에서는 밝은 대낮에도 만날 약속을 안 하는 게 좋다. 위험한 인간들이 보석 냄새를 맡고 기다리고 있을 수 있다. 인도네시아의 정글이나 리우데자네이루, 프랑크푸르트 역 옆의 빈민가에서도 장신구를 눈에 띄게 걸고 다녀서는 안 된다. 월드컴 채권자 회의나 콘티의 폐업을 의논하는 이사회에서도 장신구는 될 수 있는 한 눈에 안 띄도록 옷으로 가리는 것이 좋다. 그러나 장신구의 가치를 마음껏 발산할 수 있는 기회는 얼마든지 있다. 오페라 공연이나 오스카 수상식, 모나코 알베르 왕자의 결혼식 등등.

사실 그런 특별한 자리엔 별도의 신분 상징이 필요없다. 그런 자리에 초대됐다는 사실 그 자체가 충분히 신분을 상징해 줄 테니 말이다. 그러니 보석이란 재미라고는 찾아볼 수 없는 우울한 일상 생활에서 더욱더 진가를 발휘하는 물건이다. 얼마나 성공했는지 다른 여자들에게 보여 주기 위해, 이 의미 없는 인생이 그래도 살 만하다는 사실을 스스로에게 납득시키기 위해 그렇게 눈에 확 들어오는 증표가 필요한 것이다.

솔직히 이 끝없는 스트레스, 수없이 되풀이되는 모욕, 차라리 시작 안 하는 게 나을 뻔한 섹스, 쫓기는 기한, 뜻대로 안 되는 사생활—한마디로 말해 출세하려면 필요한 모든 것—을 보상받으려면 적어도 1톤 정도의 금은 목에 매달고 다녀야 한다. 하지만 너무 많은 보석은 돈 많은 과부의 상징일 뿐이다. 커리어 우먼이라면 적절하게 꾸밀 줄 알아야 한다. 까르띠에 금시계는 기본 장비이다. 그것만 빼면 보석은 적을수록 좋다. 다만 불가리나 부셰롱 것만 걸쳐야 한다. 그리고 티파니에서 아침을 먹으면 살도 안 찐다고 한다.

남자들한테는 보석이나 장신구가 좀 곤란한 문제다. 남자가 장신구를 하고 다니면 곧 '여성적'이라고 치부해 버리니 말이다. 하지만 그건 정말 잘못된 생각이다. 남자들만 장신구를 할 수 있는 시대가 있었다. 그것도 남자라고 해서 모두 할 수 있는 게 아니라 황제나 왕, 주교 등 고위 관직자들만 할 수 있었다. 옛날 지배자들은 머리끝에서 발끝까지 자신의 신분을 과시할 수 있는 상징들—왕관, 홀, 목걸이, 팔지, 반지 등—로 장식하고 다녔다. 갑옷 속에 입는 속옷에서 팬티까지도 우주의 에너지를 잡아 준다는 값진 보석들로 장식했다. 보석이 우주의 에너지를 얼마나 잡아다 주는지는 확인할 수 없지만 어쨌든 화려한 불꽃처럼 번쩍거리기는 했을 것이다.

그런데 요즘은 어떤가? 정신이 반짝거리지 않으면 반짝거리는 물건이라도 달고 다녀야 할 텐데 정신이 반짝거리지 않을수록 반짝거리는 물건도 안 달고 다닌다. 우리 정치가들을 보라! 보석이라고는 없다. 재계의 최고 경영자들도 마찬가지다. 보석을 사고도 남을 만한 돈을 장롱에 쌓아 놓고도 보석을 외면한다. 그들에게 진실을 가르쳐 주어야 한다. 이 세상에는 프랑스 화가들, 미국 래퍼들, 각종 예술가들처럼 자발적으로 장신구를 달고 다니는 남자들이 적지 않다는 사실을 말이다. 이 사람들이 정치가와 재계 최고 경영자들과 다른 점이 무엇일까? 그건 이들이 훨씬 행복한 표정을 짓고 있다는 것이다. 심지어 금욕을 지켜야 하는 고위 성직자들이 신을 찬양하기 위해 의무적으로 달고 다녀야 하는 사파이어나 루비, 자수정에도 때때로 행복한 미소가 비쳐질 때가 있다.

샤론과 한니발 렉터, 텔레콤의 이사는 왜 밝은 표정을 짓지 않는 걸까? 결혼 반지 하나로 인생의 황금기가 도래하지는 않겠지만 그나마 반지라도 진짜라면 그 수입만으로도 수많은 우울한 군상들의 얼굴이 환하게 피어날 수 있을 것이다. 그러니 과도한 업무에 시달리는 우리 사회의 엘리트 경영인들이야말로 고상한 돌과 금속을 가까이 해야 한다. 보석은 빛을 밖을 향해서만 발산하지는 않는다. 안을 향해서도 빛을 내기에 육체적, 정신적 건강에 무척 도움이 된다. 타고난 신비주의자들이야 돌이 효과가 있으려면—행성의 위치, 강의 수위, 방금 만든 자우어크라우트[1]의 빛깔 같은—특수한 조건이 필요하다고 주장하지만 그렇게까지 깊이 들어갈 필요는 없다. 돌이 다 알아서 제 주인을 찾아온다. 그러니 찾아온 돌을 뿌리치고 물리치지만 않으면 된다. 무엇이든 믿기만 하면 믿는 대로 될 것이다. 당연히 돌마다 나름의 특수한 효과가 있다. 푸른 옥수는 말을 조리 있고 설득력 있게 하는 능력을 키워 주고, 에메랄드는 돈을 끌어들인다. 이 두 가지를 갖춘다면 출세하기는 더 쉬울 것이다. 심지어 그 유명한 힐데가르트 폰 빙엔[2]까지도 현대 비즈니스 세계의 인간들이 다시 한 번 가슴 깊이 새겨야 할 몇 가지 처방전을 기록해 둔 바 있다.

최근 들어 주식 거래인, 대주주, 소주주 등 주식 시장에서 어슬렁거리는 모든 인간들이 현대 의학으로는 도저히 회복될 수 없는 불치병을 앓고 있다는 사실이 알려져 충격을 주고 있다. 소위 '주식 열병'이란 것인데 특수한 형태의 정신병으로 순식간에 이성을 마비시키고 결국에는 생명까지 위태롭게 만들 수 있다는 사실이 최근에 와서 확인됐던 것이다. 극도로 전염성이 높은 이 질병의 끔찍한 증상들은 굳이 월 스트리트까지 가지 않더라도 가까운 증권 거래소에만 가 보아도 확인이 가능하다. 현실을 거부하고 우울증에 빠지고 환각에 시달리며 머리가 어지럽고 구역질이 나고 엄청난 두려움이 엄습하다가 결국에는 집단 히스테리에 빠지게 된다. 이 가엾은 병자들—거

---

1) 중앙 유럽의 요리에서 큰 비중을 차지하고 있는 양배추 절임. 잘게 썬 흰 양배추에 소금을 뿌려 가며 커다란 항아리나 나무통에 차곡차곡 담고 그 위에 무거운 뚜껑을 덮은 후 15.5℃ 이하에서 약 1개월 동안 발효시킨다. 발효시키는 동안에 캐러웨이 열매, 후추 열매, 노간주나무 열매를 첨가하기도 한다.

2) 1098~1179년. 독일의 대수녀원장·신비주의자. 자연 치료사로 명성이 높았던 그녀는 보석 자체에 있는 미세한 성분이 몸 안의 기에 영향을 미치고 에너지를 낸다고 주장했다. 그녀의 책에는 루비, 사파이어, 다이아몬드 등의 보석과 호박, 녹옥수 등의 준보석이 우울증, 고혈압, 심장마비 등과 같은 구체적인 질병이나 증상에 어떤 치료 효과가 있는지를 밝히고 있다.

의가 남자들인 것으로 미루어, 남성에게만 있는 유전자 결함을 짐작해 볼 수 있겠다—을 어떻게 하면 시세차와 이율과 배당금으로 이루어진 가상의 세계에서 끌어낼 수 있을까?

정신 분석마저도 시원한 해결책을 내놓지 못하고 있다. 아니 정신 분석이 오히려 문제를 키우고 있다. 항문기의 인지 경험이 현재에 어떠한 영향을 미쳤는지를 차근차근 일러주어야 할 정신과 의사들이 환자들을 소파에 붙들어 앉혀 놓고는 코스닥에서 엄청난 손해를 봤는데 그걸 한꺼번에 메울 수 있는 내부 정보는 없는지 캐묻고 있으니 말이다.

이런 험악한 현실에서 환자의 손상된 이성을 회복하는 데 돌이 약간의 도움이 될 수도 있다. 힐데가르트 폰 빙엔은 그럴 때 사파이어를 추천했다. "수준 높은 지식이라고는 없는 바보가 똑똑해지고 싶은데 잘 안 될 경우 맑은 정신으로 자주 사파이어를 핥아라. 이 돌의 온기와 힘이 따뜻한 타액과 섞이면서 인간의 이성을 심하게 손상시키는 해로운 체액을 쫓아내 이성을 회복하게 해 준다."

끈질기게 투자를 권하는 상담가를 물리치기 위해서는 붉은 석류석을 추천하고 싶다. 빙엔은 이렇게 말했다. "홍옥이 있는 곳에서는 공기의 악령이 나쁜 짓을 행할 수 없다."

갑자기 세무 조사관이 들이닥칠 때는 다이아몬드로 막는 것이 최고다. "악마는 이 작은 돌을 싫어한다. 이 돌이 악마의 힘을 막아 주기 때문이다." (빙엔 부인은 분명히 '작은 돌'이라고 했다. 안 그랬다간 그 비싼 보석을 어떻게 구입했는지에 대한 세무 조사관의 집요한 질문에 시달려야 할지도 모른다.)

그러나 힐데가르트 폰 빙엔의 『돌의 책』에는 책이 만들어진 후에 발견된 돌은 빠져 있다. 그런 돌들 중에서 특히 짧은 기간 안에 명성을 얻게 된 두 가지 종류만 언급하고 넘어가자. 첫째가 '수길라이트(Sugilite)[3]이다. 이 돌은 정보력이 뛰어난 그룹에서 가장 큰 효과를 발휘하는 처방 돌로 알려져 있다. 이 돌은 어떤 병균도 물리칠 수 있다는데 심지어 에이즈도 두려워하지 않는다! 하지만 에이즈를 예방하자면 수길라이트로 만든 콘돔을 사용해야 하는데 그렇게 되면 섹스는 고통의 시험대가 되고 말 것이다. 솔직히 에이즈 예방은 약국에서 파는 콘돔만으로도 충분하다. 두 번째 돌은 '래브라도라이트(Labradorite)[4]이다. 수길라이트보다 훨씬 후에 발견됐다. 래브라도라이트는 그야말로 만병통치약으로 현재의 돌이자 미래의 돌이다.

물론 손가락에 보석 반지 하나 끼었다고 운명의 장난을 전부 막을 수 있는 건 아니다. 때에 따라서는 목에 걸고 다니는 부적도 필요하다. 목걸이를 걸고 다니면 너무 일찍 생긴 목 부위의 주름도 감출 수 있을 뿐 아니라 여러 가지 좋은 일들이 많이 일어난다. 하긴 우리 주변에는 다양한 모양의 행운의 부적들이 많이 있다. 네잎 클로버, 닻, 행운의 돼지, 갑충석,[5] 숫자 13, 그리고 뭐니 뭐니 해도 찌를 듯 쭉 뺀 가운데 손가락! 전문 서적을 참고하면 입맛에

---

3) 1944년 이 광물의 발견자인 일본의 케니치 수기(Kenichi Sugi) 교수의 이름을 따서 명명하였다. 1970년대 후반에 첫 선을 보였으며 생생하고 깊고 짙은 자주색에서 자주색–적색이 유일하다.

4) 사장석 계열에 속하는 장석 광물. 적색·청색·녹색의 훈색(暈色)을 갖기 때문에 종종 보석이나 장신구로서의 가치를 지닌다. 래브라도라이트는 캐나다 래브라도 해안에 있는 나인 근처에서 산출되기 때문에 그 이름을 따서 명명한 것이다.

5) 갑충 모양으로 조각한 보석으로 고대 이집트인들이 부적이나 인장으로 사용했다.

따라 마음대로 고를 수 있지만 약간의 주의를 기울일 필요는 있다. 예를 들어 책에 인도의 스와스티카(卍)가 자기한테 맞다고 쓰여 있다고 해서 당장 고를 것이 아니다. 스와스티카는 산스크리트어로 '행운으로 인도한다.'는 뜻이지만 나치의 휘장하고 워낙 비슷해서 헷갈리기 쉽다. 그래서 혹시 모자라도 쓰고 있으면 머리 빡빡 민 신나치주의자로 오해받을 수 있다.

여유 시간이 있다면 부적을 손수 만들어 보는 것도 좋다. 그러자면 동향 (東向)의 조용한 방이 필요하다. 또 금 세공에 사용하는 장치와 도구, 그리고 손재주가 필요하다. 시간대도 딱 맞아야 한다. 명예와 부를 안겨 준다는 태양 부적을 만들려면 꼭 일요일을 택해야 한다. 가능하면 7월 20일에서 8월 20일 사이가 좋다. 또 해가 뜨고 난 뒤 한 시간 후가 가장 좋다. 이 시간에 완성을 못했거든 다음주 일요일까지 기다려야 한다. 기다리기 싫으면―일요일에 알로에, 몰약, 월계수, 사프란, 로즈메리 중 하나만 사용하여 부적을 그을린 다음 누가 보지 못하도록 얼른 비단 천으로 꽁꽁 싸야 한다. 그것을 비단 끈으로 묶어 목에 건다. 그리고 옷으로 부적을 가려야 한다. 질투심 섞인 눈길이 닿으면 마력이 사라지는 법이니까.

그렇게 아름다운 보석을 옷으로 가려야 한다니, 여자들은 가슴이 무너진다. 하지만 남성들의 경우 남의 눈치 안 보고 보석을 몸에 지닐 수 있는 최고의 방법이다. 예컨대 이사회 회의 시간에 금목걸이 줄과 값진 보석 알을 셔츠 깃으로 가리고 있다면 아무도 금니 번쩍거리는 무식한 포주 같다는 소리는 듣지 않을 것이다. 물론 남이 말을 안 한다고 해서 내가 그렇게 느끼지 말란 법은 없다. 포주가 됐다는 상상에 빠져 헤엄치다 보면 아무리 길고 지루한 회의 시간도 눈 깜짝할 사이에 지나갈 수도 있지 않은가.

보수적인 남성 그룹에서도 허락되는 금붙이가 있다면 그건 손목 시계다. 황금 롤렉스는 비싼 값에 비해 디자인이 썩 좋은 건 아니지만 신용 있는 사람이라는 걸 보여 주기 위해 하는 수 없이 차고 다니는 시계다. 게다가 아시아에서 만든 값싼 '가짜'가 어찌나 진짜하고 비슷한지 덕분에 롤렉스의 효율성이 엄청나게 뛰었다. 성공을 향해 달리고 있는 청년들이라면 몇 푼 안 줘도 가짜를 사서 신분을 상승시킬 수 있다. 반대로 진짜 롤렉스를 차고 다니는 갑부들은 잘 산다는 사실을 남에게 알리지 말아야 하는 자리—노조와 임금 협상을 할 때, 아프리카 어린이 돕기 자선 행사—에 갔을 경우 슬쩍 진짜가 아니라는 언질만 주면 된다.

롤렉스 말고도 진짜 비싼 시계들은 많다. 어떨 땐 아무리 벌고 또 벌어도 그런 귀족적인 물건들을 다 장만하기는 힘들 거라는 생각이 들 정도다. 특히 "파텍 필립(Patek Philippe)은 절대 한 사람의 것이 아닙니다."라는 광고 문구를 들을 때면 답답해지는 가슴을 달랠 길 없다. 한국 은행이 내 손목 시계의 경영권을 나눠 가지고 있기라도 한 건가? 아니면 시계 초침만 따로 미국 투자 그룹의 소유가 된 건 아닐까? 뭐, 이따위 질문들을 혼자 던져 보는 건 자유겠지만, 꼭 그래야 할 필요는 없다. 파텍 필립사가 재기 발랄한 광고 문구로 말하고자 한 바는 파텍의 시계를 혼자만 끼지 말고 다음 세대에게도 나누어 주라는 뜻이니까 말이다. 그러나 아주 불합리한 생각이다. "우리 아빠가 얼른 돌아가시게 해 주세요. 그래야 아빠 파텍이 제 것이 되거든요!" 이렇게 기도하는 아이들을 본 적이 있는가? 아이들은 이렇게 기도한다. "우리 아빠가 돈 많이 벌게 해 주세요. 스와치가 갖고 싶거든요." 아이들—어른들도—은 6개월에 한 번씩 시계를 바꾸고 싶어 하지만 아빠가 쓰다 만 중고 시계는 절대 사절이다. 손목 시계도 탐나는 수집 품목에 오를 수 있겠지만, 정말 오래되고 비싼 건 아빠의 손목에 걸려 있지 않다. 은행 금고나 소더비즈에나 가야 볼 수 있다!

원칙적으로 시계는 가격 대비 효율성이 가장 나쁜 품목이다. 시계의 구매력은 상표가 좌우하고 상표는 그만큼의 가치를 한다. 블랑팽(Blancpain)의 '1735'는 자정이 되면 중국제 전자 시계하고 똑 같이 열두 시라고 알려 주지만 자포자기하는 심정으로 66만 유로를 쓸 방법을 찾고 있다면 블랑팽을 고르는 게 제일 낫다. 또 될 수 있는 대로 서두르는 게 좋다. 전 세계적으로 30점밖에는 출시되지 않는 모델이니까. 그리고 자고로 제일 비싼 시계가 제일 잘 가는 법이다.

하긴 요즘에는 다양한 기능을 갖추고도 가격대가 꽤 괜찮은 제품들이 많이 나오고 있다. 밤인지 낮인지도 가르쳐 주고 날짜도 정확하게 알려 주는 '세이코 스포츄라(Seiko Sportura)'는 500유로면 살 수 있다. 약간 튀는 것을 원한다면 러시아제 14금 '폴요트(Poljot)'가 좋겠다. 100유로면 너끈하게 살 수 있다. 하지만 정말 롤스 로이스 같은 걸 손목에 차고 싶은데 돈이 충분하지 않을 때는 '프랑크 뮬러(Frank Muller)'의 제네바 공장에서 나온 시계를 한번 고려해 보는 것도 좋다. 모델들이 전부 라이프 스타일 예술품이라서 시계 주인이 미(美)를 사랑하는 사람이라는 걸 세상에 과시할 수 있다.

하지만 원칙적으로 손목 시계는 상류층 인사의 '자기 주가 올리기'에는 큰 역할을 하지 못한다. 성공한 사람들이 자신의 신분을 드러내기 위해 사용하는 최고의 방법은 바로 '시간이 없다.'는 것이기 때문이다.

여러분이 언젠가 중요한 인사에게 이런 말을 할 수 있는 날, "내년 8월이나 돼야 시간이 날 것 같은데 그때 한 15분 정도 빼 보지요. 비서한테 날짜를 통보해 주세요." 바로 그날 비로소 당신은 진정한 성공인이 되는 것이다!

1626년 스톡홀름에서 태어났다. 아버지가 괜히 뤼첸에 가서 사망하는 바람에 크리스티나는 여섯 살의 나이로 여왕이 되었다. 물론 나라를 다스리는 일은 제국의 수상이던 옥센 셰르나가 대신했다. 그는 크리스티나의 교육에 열과 성을 다했지만, 그녀가 훗날 학문과 예술에 공을 들인 것으로 미루어 그의 교육열은 큰 성과를 올리지 못했던 것 같다. 볼보 주식을 산 투자자들을 위로하고 이케아 지사를 늘리는 데 신경 써야 할 여왕은 전세계 학자들과 편지나 주고받는 데 몰두했다. 심지어 철학자 데카르트에게는 스톡홀름에 올 것을 정중히 요청했다. 데카르트는 짧게 대답했다. "생각한다 고로 나는 존재한다." 대답과 동시에 그의 존재는 스톡홀름에 있었다.

사교계 행사에서 여왕은 별로 좋은 인상을 남기지 못했고 그날 이후 전세계는 스웨덴 여자들이란 전부 못 생기고 뻣뻣하고 다가갈 틈을 안 준다고 믿게 되었다. 크리스티나는 일생을 독신으로 지냈고 사촌과의 결혼을 끝까지 거부했다. 하지만 스웨덴인들을 더 곤욕스럽게 만들었던 것은 그녀가 늘 남자 옷을 입고 돌아다녔고, 훗날 조르주 상드나 질 잔더가 입어도 꼴불견이었을 쿨한 비즈니스룩을 창시했다는 사실이다. 그래도 그녀는 가톨릭 신자였고 로마로 망명을 가서 그곳에서 소위 교황청 친위대의 마스코트로 살았다. 어쨌든 그후로는 통 소식이 없다가 그레타 가르보가 되어 영화[1]에 출현을 했다.

그의 성공 비결: 바지

---

1) 「퀸 크리스티나(Queen Christina, 1993년)」. 17세기 스웨덴의 여왕이었던 크리스티나의 사랑과 슬픈 비극적 결말을 그린 역사극.

여자와 에일리언

이성과 재능이 있는 여성은 같은 여성들과 있으면 외롭다.
그렇다고 남자들한테로 도망치려 해 봤자 그것 또한 헛수고다.
—카를 구츠코(Karl Gutzkow)

여자와 외계인이 상류 사회에 끼지 못하는 건 부당하다?

노동 조합, 술집, 레즈비언 그룹, UFO 연구 모임, 빈 필하모니 오케스트라, 정당 중앙 위원회, 남자 화장실 등 장소를 불문하고 이 문제에 관한 열띤 토론이 매일 벌어지고 있다. 심지어 텔레비전은 토론 프로그램을 만들어 놓고 전문 지식도 없는 사람들을 모아 이런 문제나 이보다 더 한심한 문제들을 무방비 상태의 시청자들 앞에서 마구 공격하고 있다.

하지만 최고 자리에 오른 외계인이 한둘이 아니기 때문에 이건 애초부터 존재하지 않는 문제였다. 지난 몇 해 동안 관공서, 은행, 정부를 막론하고 요직에 오른 에일리언의 숫자가 갑자기 엄청나게 늘었다. 물론 그 사실 하나로 외계인에게 지능이 있다는 결론을 내린다면 큰 실수겠지만 말이다.

언뜻 보면 에일리언들은 보통 사람들하고 거의 구분이 안 된다. 하지만 자세히 들여다보면 약간 비정상적인 행동을 발견할 수 있다. 아니 분명하게 말하면 에일리언들은 보통 사람들하고는 아주 다르다. 그들은 보통 사람들하고 의사 소통을 할 수 있는 센서가 없다. 보통 사람들이 갖고 있는 문제나 두려움, 희망 등을 이해할 수 없으니 그것을 진지하게 생각할 리는 더욱 만무하다. 보통 사람들이 에일리언을 한 번도 본 적이 없고 그런 것이 있다는 사실조차 모르는 건 많은 에일리언들이 혼자서만 있기 때문이다. 에일리언이 우주에서 왔다는 지금까지 일반적으로 알려진 생각은 전혀 근거가 없는 것으로 밝혀졌다. 지구인 역시 특정 상황이 되면 외계인으로 변할 수 있다. 사람이 총재나 상사, 총리로 임명되는 순간 번개처럼 순식간에 외계인으로 변해 버리는 동시에 갑자기 외계인의 모든 특징을 구비하게 되는 것이다.

하긴 이런 종류의 외계인들은 크게 염려할 필요가 없다. 그보다 더 심각한 문제를 낳는 건 제2의 외계인들, 바로 여성들이다. 근본적으로 여성들은 높은 자리를 별로 좋아하지 않는다. 그것이 역사적으로 여성들이 부당한 대우를 받은 탓이라는 주장도 있지만, 이 주장이 전적으로 맞다고 할 수는 없다. 여성들은 남성들과는 전혀 다른 발전사를 겪어 왔다. 남성들은 수천 년 동안 끊임없이 전쟁을 해 왔기 때문에 언제라도 남의 회사를 꿀꺽 삼킬 태세가 되어 있다. 하지만 싸움으로 단련된 여성은 역사를 통틀어도 찾아보기가 쉽지 않다. 아마조네스가 있기는 하지만 이들은 어디까지나 상상 속에서만 존재한다.

아마도 역사상 가장 유명한 여성은 이브일 것이다. 그러나 그녀는 비즈니스 세계에서 모델로 삼을 만한 인물은 못 된다. 당시로선 제일 비싼 부동산이었을 에덴 동산을 사기꾼의 값싼 꼬임에 넘어가 순순히 넘겨주고 말았으니까. 크산티페 역시 이브 정도의 유명세를 타고 있지만 그녀의 장기는 왈가 닥 루시보다 더 찢어지는 음성으로 더 빨리 재잘댈 수 있다는 것뿐이었다. 사실 소문처럼 그렇게 악처도 아니었을 것이다. 만약 소문대로였다면 소크라테스가 애써 맛없는 독배를 들이킬 이유가 없었을 것이다. 그 전에 벌써 마누라 바가지에 속이 뒤집혀 죽어버렸을 테니까. 그녀가 다른 사람들에 비해 약간 더 불친절했던 건 충분한 이유가 있었다. 크산티페는 '금빛 말'이라는 뜻이다. 한 여성이 그런 이름에 어떤 반응을 보일지는 상상할 수 있을 것이다.

물론 그 후로도 수많은 여성들이 있었다. 루크레치아 보르자(Lucrezia Borgia)[1], 클레오파트라, 퀴리 부인 등등. 이들은 모두 여성 특유의 기질대로 유독성 물질을 잘 다루었던 인물들이다. 그러나 어차피 인간은 역사로부터 교훈을 얻을 수 있는 종(種)이 못 되므로 여성이 어떤 분야에 더 적합한지를 알아보는 데 굳이 과거사까지 들출 필요는 없을 것 같다. 이미 우리 시대에는 여성이 할 수 없는 일, 쟁취하지 못할 성공, 오를 수 없는 자리란 없으니 말이다. 물론 이론적으로 그렇다는 이야기다. 이따금씩 예외도 발생하는 법이니까.

이제는 양심의 가책 없이 편안한 마음으로 말해도 좋다. 여성들도 이미 상당수가 높은 자리로 진출해 있다고 말이다. 다만 언뜻 보기에는 잘 표시가

1) 1480~1519년. 이탈리아 르네상스 시대의 유명한 보르자가(家)의 중심 인물. 오빠 체사레 보르자와 아버지가 저지른 많은 범죄와 악행들에 동조했다는 이유로 자주 비난받고 있다. 그러나 역사적인 관점에서 그녀는 공범자라기보다는 아버지와 오빠의 야심에 찬 계획에 수단으로 이용된 듯하다. 세 차례에 걸친 유명한 가문과의 혼인은 보르자가의 정치적·영토적 권력을 확장하는 데 도움을 주었다.

나지 않는다. 높은 자리에 있는 여성들을 남성들과 구분하기란 쉽지 않기 때문이다. 많은 커리어 우먼들이 어리석게도 남성처럼 옷 입고 남성처럼 생각하고 남성처럼 행동하려고 발버둥 치고 있다. 왜 그럴까? 세상 돌아가는 것을 보고 있노라면 남성이 남성처럼 행동하는 것만으로도 충분히 골치 아픈데 말이다. 사실 남자들이야 다른 방도가 없다. 그저 남성처럼 행동하고 생각할 수밖에. 그러니 여성들이 나서서 고쳐야 한다. 그런데도 여성이 남성과의 경쟁에서 이기려면 남성보다 두 배로 일하고 두 배로 인정사정없어야 하며, 두 배로 밥맛 없는 인간이 되어야 한다는 착각에서 벗어나지 못하는 사람들이 한둘이 아니다. 이 어찌 슬프지 않을 수 있겠는가!

어찌 되었건 몇몇 여성들은 출세의 사다리를 끝까지 올라갔다. 성공한 여성의 대명사라면 단연 휼릿 패커드의 회장 칼리 피오리나가 손꼽힌다. 언론이 열광적으로 나서서 "세계 최고의 여성 권력가"라는 찬사를 퍼부어 대고 있지만 사실 그녀는 세계 최강자가 아니다. 대기업을 이끌고 있기는 하지만 급변하는 컴퓨터 업계에서 그녀가 마음대로 휘두를 수 있는 권력이란 기껏해야 직원 몇 명을 해고하는 것이 전부다. 현재 세계 최고의 여성 권력가라면 미국 대통령 안보 담당 보좌관 콘돌리자 라이스가 단연 최고의 후보자일 것이다. 미국이 전쟁이냐 평화냐 같은 지극히 일상적인 결정을 내리는 데 있어 유색 인종인 그녀의 목소리가 크게 한몫 하고 있으니 말이다. 그 다음으로는 언론 매체를 휘저으며 수백만 미국인을 쥐락펴락하는 토크쇼 진행자 오프라 윈프리를 꼽을 수 있겠다. 여기서 윈프리와 라이스가 흑인이란 사실을 별도로 강조하는 이유는 흑인이며 여성이라는 이중의 불행이 출세에 전혀 지장이 되지 않는다는 사실을 다시 한 번 강조하기 위해서다.

비즈니스 세계에서는 '슈퍼 두뇌'로 일컬어지는 샐리 크로첵이 단연 선두를 달리고 있다. 그녀는 요즘 같은 시대에 500개의 대기업이 전폭적인 신뢰를 보내고 있는 44명의 분석가들을 거느린 한 기업의 회장이다. 가파른 출세의 사다리를 오른 또 한 사람의 여성은 카리스마와 지성을 겸비한 로라 타이슨이다. 전 미국 대통령 클린턴의 경제 자문을 역임한 바 있는 그녀는 유서 깊은 런던 경제 학교의 학장으로 임명됐다.

영국에는 약 백만 파운드의 연봉으로 성공의 쐐기를 박은 로즈 마리 브라보가 살고 있다. 그 엄청난 연봉의 대가로 그녀는 숭배의 상표 버버리에게 세 배 이상의 이윤을 안겨 주었고, 기업을 상장시켜 주었다. 역시 영국 여성인 바바라 카사니는 공중 누각을 지었지만 그게 장사가 엄청 잘되는 사업이다. 그녀는 싼 항공료로 유명한 '고 플라이(Go Fly)'의 사장이다.

프랑스에도 돈이 많은 여성 기업인들이 많지만 대부분 그녀들의 성공은 죽은 남편이 남기고 간 마지막 선물이었다. 하지만 그 중에도 타고난 총명한 머리로 성공 가도를 달려온 여성 기업인들이 적지 않다. 그 중 한 사람만 꼽는다면 단연 세실 본퐁을 들 수 있다. 세계적으로 유명한 샴페인 뵈브 클리코가 바로 그녀가 책임지고 있는 회사이다. 그 이름을 들으니 갑자기 이 순간 신이 내린 이 음료를 한 잔 따라 성공한 여성들의 행복을 빌며 건배하고 싶은 마음이 굴뚝 같다.

이런 몇 가지 실례를 통해 살펴보았듯 여성들은 다양한 분야에서 뿌리를 내리고 있다. 현재 간부급 인사의 약 18%가 여성들이고, 젊은 세대의 경우 성공의 속도는 훨씬 빨라지고 있다. 물론 전체 분야에서 그런 건 아니다. 정계의 경우 여전히 여성 의원의 비율은 미미하다. 소위 얼굴마담으로 내세우는 여성들이 있지만 그들이 정책 결정이나 중요한 사안에 큰 영향을 미치는 건 아니다. 물론 정계에도 거의 정상까지 도달한 여성들이 있다. 하지만 그들은 올바른 역할 모델이 되지 못했다. 그래서 그들이 TV에 나올 때마다 수천 명의 소녀들이 정치인이 되느니 차라리 미용사가 되겠노라고 결심하고 있는 것이다.

마지막으로 한마디만 더 하고 넘어가자. 여성들이 최고의 자리에서 활동하고 있는 분야라 해도 높은 자리에 오르지 못한 여성들의 상황은 여전히 좋아지지 않고 있다. 여성은 언제라도 대체될 수 있는 값싼 노동력 이상은 아니다. 같은 일을 하고도 절반의 임금밖에 받지 못하고 남자들이 하기 싫다고 버린 일만 여자들에게 돌아오고 있다. 이런 일들이 너무나 자연스럽게 벌어지고 있는 것이다. 하지만 세계는 계속 변하고 있다. 언젠가는 여자들도 남자들과 똑같은 권리를 누리게 될 날이 올 것이다. 남자들이 아기를 낳게 되는 바로 그날!

1706년 미국 보스턴에서 태어났다. 자신이 발명한 피뢰침의 판매량을 늘리기 위해 그가 번개를 발명했다는 소문, 그 정도가 보통 사람들이 그에 대해 알고 있는 내용의 전부다. 전업 작가 시절 그는 『가난한 리차드의 연감』 같은 아무도 안 읽는 책 몇 권과 미국 연방 헌법의 초안을 만들었다. 인쇄업자로 활동한 시기에는 정치 인쇄물을 만들었고, 파리에서는 대사로, 펜실베니아에서는 지사로 활동했다. 그리고 노예는 꼭 필요하지만 법적으로는 인정할 수 없다는 견해를 밝혔던 그는 오늘날 외국인 노동자의 기본 권리를 고민하고 있는 현대 정치가들에게 본받지 말아야 할 모델이 되었다.

프랭클린은 극단적으로 모순된 기질을 가진 인물이기도 했다. 몇 년 동안 우체국에서 일했던 그가 하필이면 '시간은 돈이다.'라는 유명한 경구(警句)를 만들어 낸 것이다. 그러니 우리 나라의 우체국 공무원들이 미국 초대 우체국장을 업계의 이단자로 생각하는 것도 과히 놀랄 만한 일이 아니다.

그럼에도 프랭클린은 영국의 왕립학회와 프랑스 아카데미의 회원들 같은 세상 물정 모르는 학자들 사이에서 제법 인정을 받았던 인물이었다. 작가로서, 정치가로서, 우체국 직원으로서는 실패했던 사람치고는 상당한 인기였다.

그의 성공 비결: '틱'[1] 전략

---

1) 시계 초침 소리.

인간의 지식과 신분의 상징

고객을 유혹하는 건 간판이다.
—장 드 라 퐁텐(Jean de La Fontaine)

우리가 살고 있는 오늘은 '껍데기'의 세상이다. 워낙 껍데기에 온 관심을 집중하다 보니 생전 처음 보는 사람도 단박에 두 번 다시 만날 가치가 없다는 걸 금방 파악할 수 있는 '도'의 경지에 이르렀다. 하긴 예로부터도 사람을 척 보고 상사로 모셔도 될 만한지, 산부인과 의사로 믿어도 좋을지, 잠깐 같이 살아 볼 만한지, 도주 차량의 운전자로 고용해도 좋을지 판단하는 몇 가지 전통적인 방법이 있긴 했다.

예를 들어 어떤 남자가 짝짓기 기관(귀 바로 뒷부분)이 매우 발달하지 못했다면 장기적인 관계는 맺지 않는 게 좋다. 반대로 자궁신 기관(뒷머리)이 발육 부진이라면 마음씨 좋은 멍청이니까 남편감으로는 그만이다.

코 또한 사람을 판단하는 데 있어 빼놓을 수 없는 부분이다. 특히 길이가 길고 발달이 잘된 코는 지능이 높다는 증거라고 한다. 대표적인 인물이 바로 클레오파트라다. 테니스 스타 스테피 그라프의 경우는 학계에서도 아직 확실한 결론을 못 내리고 있는 상태다. 하긴 코가 아니어도 삐죽거리는 얇은 입을 보고 밝은 성격이라고 짐작할 사람은 없을 것이다. 눈 색깔은 컬러 렌즈가 발명된 이후 관상 학계에서 구박 덩어리가 되어 버렸다.

그동안 별로 주목을 받지는 못했지만 사실 알고 보면 사람의 성격을 결정적으로 좌우하는 부위가 바로 귀다. 복서들은 귀가 꽃양배추처럼 찌그러져 있고—타이슨과 싸웠을 경우 아예 없을 수도 있다—대중 가수들은 귀가 조밥나물처럼 귀엽게 생겼다. 지적인 사람들은 대부분 귀가 크고 잘 생겼다. 그러므로 그 사람이 어떤 부류의 인간인지 알고 싶다면 꼭 귀를 봐야 한다.

머리카락의 색깔과 상태에서 심오한 결론을 끌어내는 관상학자들도 있지만 그건 너무 위험하다. 예를 들어 머리카락이 하나도 없을 경우 그게 화학 요법의 결과인지, 고시생이 굳은 결심으로 공부에 전념하기 위해 빡빡 깎은 건지, 머리카락을 번뇌의 원천으로 보는 종교적 신념인지 어떻게 알겠는가? 또 하루가 멀다 하고 머리 색깔을 바꾸는 여자들이 수두룩한데 그렇다고 그 여자들의 운명이 하루가 멀다 하고 바뀔 건 아니지 않는가. 옛날에는 머리가 산발하면 자다가 바로 뛰쳐나왔거나 마누라한테 쥐어 뜯겼다는 걸 금방 알 수 있었지만 요새는 언제 어디서라도 방금 토네이도를 헤쳐 나온 듯한 헤어스타일을 만날 수 있다. 물론 그렇다고 해서 머리카락을 너무 홀대해서는 안 된다. 열심히 연구하다 보면 머리카락의 상태와 두뇌의 발달 사이에 모종의 관계를 찾아낼 수도 있을 테니까.

고대 그리스인들은 모반을 보고 아기의 장래를 점치곤 했다. 한 해의 다섯 번째 주에 태어난 아이는 꼭 모반의 숫자를 세어 봐야 한다. 모반 수가 많을수록 좋다. 모반의 숫자는 곧 애인의 숫자를 의미하니까 말이다. 반대로 스물여덟 번째 주에 태어난 사람은 모반의 숫자만큼 꾸지람을 듣는다고 한다. 그리고 열일곱 번째 주에 태어난 사람은 모반이 한 개만 있어도 큰 복을 누린다고 한다.

손금 또한 운명과 성격을 점치는 데 빼놓을 수 없는 부위이다. 독일에서는 심지어 엉덩이를 더듬거리면서 값진 깨달음을 얻는다는 전문가들도 있다. 가정이나 직장에서 성공하려면 어떤 사람을 곁에 두어야 할까? 어떤 방법으로 조사해야 자신에게 필요한 사람을 고를 수 있을까? 선택은 각자에게 달려 있다. 그러나 한 가지만은 분명하다. 여러분이 면접 시간에 장래 상사가 될 사람에게 엉덩이 좀 만져 보고 싶으니까 바지를 내려 줄 수 있겠느냐고 물어 본다면 그 순간 이후 여러분의 삶은 모반조차 할 말을 잃을 정도로 급변의 물살을 타게 될 것이다.

인류가 일구어 낸 과학의 발달은 미래의 운명과 성공을 점치는 데에도 많은 도움을 줄 수 있다. 다만 그 기술이 보통 사람들을 궁지로 몰아넣을 수도 있다는 데 문제가 있다. 먼 훗날 먹고 살기 위해 유전자 테스트까지 받아야 하는 날이 올 수도 있기 때문이다. 유전자 테스트 결과 영원한 건강과, 생산성 향상에 기여할 수 있는 포악한 성격, 타협을 모르는 외골수 기질이 입증된 구직자에겐 출세의 문이 활짝 열리게 될 것이다. 반대로 유전자에 논쟁과 연봉 인상을 좋아하는 기질이 있다면 취직하기는 상당히 힘들어 질 것이다.

그런들 어떠하랴, 뜻이 있는 곳에 길이 있다고 했다. 졸업 증명서, 박사 학위, 심지어 돈까지 가짜가 판치는 세상에 유전자 위조 증명서라고 못 만들 이유가 어디 있는가? 얼마 안 가 유전자 위조 증명이 돈 잘 버는 산업 분야로 자리 잡게 될지도 모를 일이다. 물론 가짜 증명서도 아무 데서나 사면 안 된다. 추위에 대한 면역성이 높고 부패를 좋아하며 보드카에 대한 저항력이 높다는 등의 특성을 강조하면 그건 십중팔구 러시아 마피아의 손에서 나온 증명서다. 어쨌든 괜찮은 유전자가 신분의 상징이 될 날은 멀지 않았다. 이제 곧 유전자 검사의 결과를 명함에 새기고 다닐 것이고 편지지는 물론 홈페이지에도 올려야 할 것이다.

하지만 이런 현상도 오래가지는 못할 것이다. 세상에 아직 태어나지 않은 인간까지도 정확하게 유전자 분석을 할 수 있는 날이 머지않아 오게 될 테니까 말이다. 그렇게 되면 최상급 인간이 아니면 아예 세상 구경도 못하게 될 것이다. 그리 멀지 않은 어느 날 세상은 온통 큰 키에 금발머리, 파란 눈동자의 유전자들만 우글거리게 될지도 모른다. 그때에는 아무리 잘난 인간이라도 직접 구두를 닦고 변기가 막히면 직접 뚫어야 할 것이다. 유전공학적으로 보아 열등하다고 판별된 별 볼일 없는 인간들은 원초적으로 박멸시켜 버렸을 테니까 말이다.

미래는 미래고 우선은 현재로 돌아가 보자. 껍데기만 보고 사람의 성격과 신분을 판단하는 여러 가지 방법 중에서 딱 두 가지만 언급하고 넘어가기로 한다.

첫 번째가 피어싱이다. 이 시대를 살아가는 수많은 사람들이 예전에는 온전한 상태로 사용했던 신체 부위에다 구멍을 뚫어 특이한 금속 물질—고리, 공, 나사, 말굽 등—을 매달고 다닌다. 뭐가 재미있어 인간 고물상들이 거리를 활보하고 있는지에 대해서는 아직 그 누구도 명쾌한 대답을 내놓지 못하고 있다. 피어싱을 한 사람들이 공항의 금속 탐지기를 지날 때면 예쁜 소리가 나서 좋기도 하지만 비행기 한 번 타자고 은밀한 부위까지 드러내어 피어싱을 보여 주어야 하는 건 좀 번거로운 일이다. 어쨌건 피어싱을 정신 건강의 증거라고 판단하기에는 여러 가지 어려운 점이 있다고 본다.

피어싱이 신분의 상징으로 취급될 수 있느냐 없느냐는 장소에 의해 결정된다. 러브 파라다이스에서야 열광적 환영을 받겠지만 직장에선 블랙리스트 1순위의 금속 인간일 뿐이다. 그러니 장기 실업자로 성공하고 싶다면 피어싱으로 남부럽지 않은 성공을 맛볼 수 있을 것이다.

그래도 피어싱은 떼었다 붙였다 할 수 있다. 출세의 사다리에서 떨어질 것 같은 순간 얼른 떼고 언제 그랬느냐는 듯 미소를 짓고 있으면 된다. 하지만 또 다른 신분의 상징은 제거가 아주 힘들다. 바로 문신이다. 예전에는 선원들만 문신을 했다. 상어 뱃속에서 사람 팔뚝이 나올 경우 그게 누구 팔뚝인지 알아야 하겠기에 문신을 새겼다. 요즘에는 폭주족, 전업 범죄자들, 훌리건, 네오나치 등 다양한 직업군에서 문신을 하고 있다. 이런 인간 망종들이 문신을 정체성 확인의 도구로 활용하고 있는 것이다. 그러므로 문신을 이용하여 성격을 판단할 때는 오래 생각할 필요가 없다. 물론 피부에 예쁜 그림을 새겨 넣는 다른 직업군과 이런 유서 깊은 예술을 재발견한 젊은 숙녀들의 경우 그들의 문신을 폭력의 징표라고 볼 필요까지는 없겠다. 정신박약도 때로는 새로운 표현 수단을 찾는 법이니까.

껍데기만 보고 주변 사람들을 올바로 평가할 수 있게 된다면 자신에게 꼭 필요한 사람을 확실하게 선별할 수 있을 것이다. 이미 일정한 신분을 획득한 사람을 알고 있다는 것 자체가 최고의 신분 상징이기 때문이다. 이렇듯 세상은 끝없는 '뱀 제 꼬리 물기'이다. 명망 있는 한 남자가 골프 클럽에 가입하면 그 골프 클럽의 위신이 자동적으로 올라간다. 그럼 다시 그 클럽의 회원이라는 것만으로 그 남자의 명성은 더 올라간다. 이렇게 끝없이 돌아가는 회전 목마에 때맞춰 올라탄다면 성공은 따 놓은 당상이다. 물론 가끔씩 골프를 쳐야 한다는 게 좀 성가시긴 하다. 골프채를 휘둘러 잔디를 파헤치는 건 크게 나쁜 일이 아니지만 정말 중요한 사람과 내기를 해서 이기는 건 절대 용서받을 수 없는 일이니까.

그나마 다행인 건 꼭 골프를 안 쳐도 되는 클럽들이 상당수 있다는 현실이다. 국제 원탁회의, 키와니스(Kiwanis)[1], 라이온스 클럽, 구호 기사단(Hospitalers)[2], 국제 로타리, 오푸스데이(Opus Dei)[3], G7(서방 7개국 정상회담), 학술 아카데미, 팬 클럽 등 그 수를 헤아릴 수 없을 정도로 많은 클럽들이 주변에 널려 있다. 그 중에서 들어갈 수 있는 클럽은 무조건 다 들어가야 한다. 활발한 사교 생활은 활발한 이윤을 낳는 법이니까.

여성들의 경우 선택의 폭이 훨씬 적다. 국제직업여성회(Soroptimist), 레이디 시가 클럽, 학교 운영 위원회, 반상회 등이 있긴 하지만 사실 별로 쓸모가 없는 단체들이다. 여성들끼리 모인 자리에서는 대체로 제대로 된 사업 분위기가 형성되지 못하기 때문에 신분을 높이는 데 별로 도움이 안 된다.

---

1) 1915년 미국 디트로이트에서 설립된 봉사 클럽.

2) 11세기에 설립된 종교적인 군대 조직. 이 구호 기사단은 병든 예루살렘 순례자들을 위한 병원에서 시작되어 십자군 전쟁 때 십자군 기사들이 참여하면서 번성했다. 1834년에는 로마에 본부가 세워졌으며, 오늘날도 여러 분야에서 인도주의적인 사업을 계속 수행하고 있다.

3) 1928년 에스파냐인 신부 J. M. 에스크리바에 의해 창설된 종교 단체. '신의 조화의 성십자가 성직자단(Sociedad Sacerdotal de la Santa Cruz del Opus Dei)'의 약칭이다. 혼자 깨달음을 얻는 엘리트주의와 내밀하고 엄격한 성직위계제정치 조직이 있다.

그렇다고 너무 절망할 필요는 없다. 여성들에게 신분과 위신을 한껏 뽐내라고 마련해 준 경제 부문이 있으니 말이다. 그게 바로 자선 행사다. 원래 자선은 선행을 뜻하지만 원래의 뜻을 너무 깊이 생각하여 헷갈리면 안 된다. 물론 뒷배경에는 빳빳한 수표로 계산할 수 있는 훌륭한 목표가 숨어 있을 수도 있겠지만, 중요한 건 자선이 아니라 행사. 그래야 우리 숙녀 분들께서 상상의 나래를 활짝 펼 수 있을 것 아닌가. 대부분이 정치인들의 부인과 정통 귀족 집안의 공주님들, 신흥 갑부 집안의 여인네들로 구성된 이들 단체가 공익에 무척 이로운 착한 천성을 자기들 전문 분야 밖에서까지 굳이 보여 주고 싶어하는 이유는 단 한 가지다. 자선 행사의 주최측은 바쁜 척 하는 것 이외에 돈 드는 게 별로 없기 때문이다. 그래서인지 돈은 얼마가 들던지 간에 각 단체마다 다른 단체를 이겨 먹으려고 혈안이 되어 있다. 백혈병 환자들을 위해 골프 투어를 하고, 코소보에서 필하모니 오케스트라의 연주회를 개최하고 세계 평화를 위해 존 레논의 팬티를 팔고, 아프리카의 어린이를 위해 바자회를 열고……. 앞다투어 자꾸만 일을 저지른다. 그러자니 늘 남들이 하지 않은 새로운 프로그램을 제공해야 한다. 변함없이 똑같은 건 단 하나, 행사 내내 은은하게 울려 퍼지는 배경 음악이다. 무슨 음악인고 하니, 부자들과 미인들이 뷔페에 모여 서로 붙어 서서 신나게 쩝쩝거리는 소리!

그래도 기본 규칙은 있다. 기부금을 많이 받고 싶으면 될 수 있는 대로 많은 명사들을 불러 모아야 한다. 평범한 사람들의 마음과 지갑은 상류 사회의 파티를 들여다볼 수 있을 때라야 비로소 열리기 때문이다.

일부에서는 "꼭 그렇게 정신 없는 행사판을 벌여야만 선행을 할 수 있느냐?" 또는 "호화 찬란한 행사, 명사들 먹이는 비용, TV 중계 비용만 있어도 에티오피아 어린이 전부를 다 먹일 수 있는 거 아니냐?'는 불만들이 튀어나올 수도 있다. 하지만 세상사가 그렇게 간단한 게 아니다. 자선 행사에 열심인 여성들한테서 자신의 신분을 내세울 수 있는 이런 행사를 박탈하는 건 그들을 발가벗겨 세워놓는 것과 다름없다. 아무리 비용이 많이 들어도 그렇지 어떻게 그런 흉측스러운 꼴을 두 눈 뜨고 보겠는가!

우리의 신사분들은 자선보다는 스폰서 쪽에 더 관심이 많다. 부자와 권력자도 사람이니 기왕 스폰서가 되려면 자기 삶에서 중요한 의미가 있었던 분야에 투자하는 것이 낫다고 생각할 것이다. 어린 시절 집에 빨간 불자동차가 있었다면 미하엘 슈마허의 스폰서가 되면 좋을 것이고, 학교 합주부에서 피리를 불었다면 음악 페스티벌을 지원해 보는 것도 나쁘지 않다. 하지만 진짜 괴팍한 오리지널 부자들은 그 따위 일에 자기 돈을 쓰지 않는다. 회사 돈으로 스폰서를 해야 소규모 주식 투자자들도 작은 자선의 기쁨을 함께 나눌 수 있지 않겠는가. 예를 들어 잘츠부르크 축제에는 지멘스, 아우디, 네슬레, 유니카가 많은 돈을 기부하고 있다.

물론 그 대가로 스폰서에게 온갖 아부와 큰절, 공짜 표가 쏟아져 들어갈 것이다. 그러나 원칙적으로 볼 때 회사 돈으로 기부를 하는 행태는 그리 권하고 싶지가 않다. 자칫하다가는 오히려 최고의 신분 상징을 잃어버리는 결과를 초래할 수도 있기 때문이다. 뭐니 뭐니 해도 후세에 길이길이 이름을 남기는 것이야말로 최고의 신분 상징이 아니겠는가.

세상 어디든 어떤 물건이든 간에 내 이름을 붙인 장소나 물건을 후세에 남겨야 비로소 진정한 성공인이라 부를 수 있을 것이다. 보통 사람들이야 훈장이나 명예 박사, 감사패 정도만 받아도 만족하겠지만 그 정도는 사실 나이

들면 자연적으로 나타나는 노화 현상과 같은 것이다. 오랜 세월 여기저기 얼굴을 비추다 보면 그 정성이 갸륵해서라도 훈장이나 직함 하나 못 주겠는가. 한 가지 입장을 고수한 적 없어도, 심지어 수시로 변절을 한다 해도 상 타는 데에는 아무 문제가 없다. 중요한 건 변절의 방향이다. 방향만 잘 잡으면 상복이 터지고 이런 식의 상들은 또 다시 인플레이션 효과를 낳는다. 그러니 결국 문제는 '어디에다 내 이름을 남기느냐?' 하는 것이다.

처음부터 당장 성베드로 대성당이나 구겐하임 박물관, 칼 마르크스 시처럼 큰 단위를 노려서는 안 된다. 내 이름을 딴 동네 골목 표지판 '아무개 길' 하나면 충분하다. 동네 골목길도 정언명령이 될 수 있는 법이다. 그러니까 살아생전에 적절한 대상을 골라 그 대상에 집중 투자해야 한다. 돈 많은 미국인들이 제일 잘하는 짓인데 엄청난 돈을 털어 정신과 병원 계단이나 도서관 식당 등 세월이 아무리 흘러도 계속 남아 있을 것에 투자를 하고 자기 이름을 적어 넣는다. 이것이야말로 길이길이 보장될 신분이 아니겠는가.

아직 우리 사회에는 영원한 신분에 돈을 투자하는 풍습이 그리 널리 보급되지 못한 상황이다. 꼬불꼬불한 빈민촌 골목까지도 관공서에서 마구잡이로 정한 이름들이 붙어 있다. 그래도 자기 인생의 결정적인 순간을 영원히 남기고 싶다면 '이름의 영원화'에 꾸준한 노력을 기울여야 한다.

나만 알고 있는 비법 한 가지를 살짝 알려 준다면, 자고로 먹거리만큼 기억에 오래 남는 것이 없다. 컴벌랜드 공자은 ㄱ의 이름을 딴 소스 속에서 영원히 살아 있고 샌드위치 백작은 세계 최초로 빵 사이에 각종 재료를 끼워 넣어 먹는 방법을 발명했으며 청어 중에는 비스마르크 청어가 있다. 먹을 것이 아니라면 누가 이 사람들의 이름을 기억하겠는가?

이 낭만적 이름 뒤에는 전형적인 브라질의 운명이 숨어 있다. 가난한 집 안에서 태어난―어머니는 아이스크림 장사로 자리를 잡았다―호나우두는 정규 교육도 제대로 받을 기회가 없었다. 이름이 비슷한 로널드(Ronald) 레이건도 사정은 비슷했지만 그는 적어도 미국 땅에서 태어났고 말을 탈 줄 알았기 때문에 미국 대통령이 될 수 있었다. 하지만 호나우두는 리우데자네 이루에서 태어났고 집에 말도 없었기 때문에 절망에 빠졌다. 절망한 브라질 인에게 남은 가능성은 단 두 가지 뿐이다. 삼바를 추든지 축구를 하든지. 그 래서 호나우두는 16세 때 브라질 최고의 명문팀 크루제이루에서 활약했으 며 17세 때는 이미 월드컵 국가 대표로 선발됐다.

하지만 그는 경기에 투입되지 않았고, 이는 훗날 다른 팀에 가서도 그의 트레이드마크가 되었다. 그래서 그는 가끔씩 삼바 쪽으로 인생 행로를 결정 하지 않은 것을 후회했다. 킥을 찰 때마다 공이 발에 걸렸고, 그 방해꾼 이 물질을 발로 콱콱 밟아 복수해 주려고 했지만 또 그럴 때마다 인대나 근육 이 끊어졌다. 특히 아주 소중하게 생각했던 슬개골이 골절됐다. 그 덕분에 그는 유럽에서 영향력 있는 스포츠 의사들과 친분을 맺을 기회가 많았다.

이 빈민가 출신 젊은이의 경제 사정도 많이 나아졌다. 특히 나이키 대 아 디다스가 겨룬 월드컵 마지막 경기에서 두 골을 날린 후에는 셀 수가 없을 정도로 돈을 많이 벌었다. 25살이 되면서부터는 다음 월드컵 경기 때 그가 무엇을 보여 줄까 많은 사람들이 기대할 정도가 되었다. 기대하시라, 어쩌 면 그가 새로운 헤어스타일을 선 보일지도 모르니까.

예금과 투자

돈이 있으면 멍청해도 용서할 수 있다.
―오비디우스 나소(Ovidius Naso)[1]

일단 수중에 돈이 있으면 액수가 아무리 적어도 그날부터 걱정이 시작된다. 물론 큰 걱정은 아니다. 여유 돈을 이불 밑에 넣어 두었다가 도둑이 들까 방화범이 들이닥칠까 무서워할 만큼 세무당국이 남겨 주지도 않으니까. 하지만 훗날 늙어 꽃 박람회 경로 할인 티켓 한 장쯤은 살 수 있고, 죽어 납골당 좋은 자리 하나쯤은 차지하고 싶은 게 누구나의 심정일 것이다. 다행히 투자 자문을 해 주겠다는 친절한 사람들이 있기는 하지만 문제는 이 똑똑한 척 하는 돈 문제 전문가들이 왠지 미심쩍다는 데 있다.

우리 시대에 가장 인정받지 못하는 그룹을 꼽으라면 단연 은행가가 1순

---

1) BC 43~AD 17년. 로마의 시인으로 감각적인 작품을 많이 남겼다. 대표작으로는 『변신이야기(Meta-morphoses)』, 『사랑도 가지가지(Amores)』 등이 있다.

위일 것이다. 별 볼일 없는 남자들과 더 별 볼일 없는 그의 아내들은 자기 입하나 건사하기에 급급하여 은행가들 역시 신의 피조물이라는 사실을 자꾸만 잊어버린다. 그래서 아직도 많은 사람들은 은행가 하면 기름기 줄줄 흐르는 얼굴에 두꺼운 시가를 입에 물고 인정사정없이 돈놀이나 하는 사채업자쯤으로 여긴다. 그러나 요즘엔 담배 값 넉넉한 사람들 사이에도 금연 열풍이 몰아치고 있다는 것을 잊지 마시라.

물론 은행가는 아주 특별한 생명체다. 전립선 통증도 없고 시장에서 셔츠를 사지도 않고 에이즈에 걸려 죽는 법도 없다. 하지만 그들에게도 약점은 있다. 하긴 이런 약점 때문에 그나마 그들이 사람으로 보이긴 하지만. 예를 들어 이들은 별 볼일 없는 남자들과 더 별 볼일 없는 그들의 아내들과 마찬가지로 돈을 잘 다룰 줄 모른다. 그래도 은행가들은 자기 돈을 가지고 노는 게 아니니까 설사 손실을 본다 해도 크게 광분할 일이 없다. 그래서 예나 지금이나 느긋하고 호탕하고 자신감이 넘치며 결산에 작은 문제가 있어도 절대 창문으로 뛰어내리지 않는다.

우리들의 은행이 나쁜 이미지를 얻게 된 건 과도한 언론의 자유 탓도 크다. 진화의 과정에서 신문 독자로 퇴화된 인간들은 아침마다 신문을 펼치는 나쁜 습관을 갖게 되었다. 신문을 펼치면 제일 먼저 어떤 글자가 눈에 들어올까? 자고로 신문이란 남 못 되는 꼴로 먹고사는 물건이다. 그래서 국가 대표팀의 어제 경기와 이웃집에서 벌어진 살인극 뿐 아니라 경제에 대해서도 쉬지 않고 열심히 보도를 해 댄다. 어떤 글자가 눈에 들어오느냐고? 부도! 파산! 붕괴! 오판!

수백만 달러의 손실이 어떻게 해서 생겨나게 됐는지는 관심 없다. 체첸

공화국에 별 다섯 개짜리 호텔을 짓다가 생긴 손실인지, 브롱크스 출신의 젊은 사기꾼이 투자 펀드를 만들었는지, 어찌 되었건 하얗게 질린 독자들은 앞으로 다가올 일을 이미 알고 있다. 바로 자기 은행이 그 사건에 연루된 것이다. 순진한 바보들은 그 즉시 은행을 바꾸자고 결심한다. 하지만 그건 정말 어리석은 결단이다. 다른 은행들 역시 다 연루되어 있기 때문이다. 이 사건이 아니면 다른 사건에, 그 다른 사건이 아니라면 또 다른 사건에. 은행 나라 일주는 시간 낭비일 뿐이다. 수백만 달러의 손실, 우리한테는 무시무시한 숫자지만 은행 입장에서 보면 그야말로 껌 값이다. 게다가 손실을 메울 수 있는 조치가 금방 취해진다. 물론 몇 사람의 목을 안 자를 순 없지만 항상 희생양은 힘없는 창구 직원들이다. 더불어 고객 서비스가 약간 줄어들고 수수료가 약간 오른다.

은행을 바꾸어야 할 경우는 단 한 가지뿐이다. 우연히 내가 선택한 은행이 1분기 안에 경영 손실을 소액 저축 고객들에게 분담시키지 못할 처지가 됐을 경우이다. 다행히 지금껏 그렇게 비전문적으로 태만하게 운영되는 은행이 있다는 소리를 들어 본적이 없다.

그런데도 소액 예금주들이 희망의 끈을 놓지 않고 버티는 이유는 은행의 탑매니저들이 느긋하게 앉아 1년에 수천만 달러씩 수익을 올린다는 사실 때문이다. 그걸 보고 멍청한 사람들은 이들에게 돈을 맡기면 자기도 부자가 될 수 있을 거라고 생각한다. 그 사람들이야말로 재산 형성이란 게 무언지 알고 있는 사람들이니까. 하지만 경제경영서 몇 권만 뒤져보면 누구나 알 수 있다. 투자 상담사들이란 축구 선수하고 다를 게 없다는 걸. 1,000만 달러를 건다고 해서 500만 달러를 건 것보다 더 잘 맞춘다는 보장은 없는 것이다.

물론 은행에도 장점이 있다. 은행은 축구팀처럼 대중의 인기에 연연할 필요가 없다. 은행은 참새 방앗간이나 장례식처럼 그 누구도 그냥 지나칠 수가 없는 장소이기 때문이다. 요즘엔 은행 계좌 하나 없는 사람이 없다. 계좌가 없는 사람은 이 세상에 존재하지 않는 사람이다. 그래서 계좌가 없으면 돈을 받지도 못한다. 정부 보조금도 장애자 연금도 친절한 요정이 집 앞에다 떨구어 놓고 가는 게 아니다. 계좌는 현대인의 필수품이다.

오늘날 이런 필수품을 거부할 수 있는 사람은 없다. 하지만 적어도 계좌에 들어온 돈을 그냥 통장에다 놔두어서는 안 된다. 그건 죽은 자본이니까. 통장이 마이너스가 되면 엄청난 이자를 요구하면서도 거액을 채워 넣은 계좌에는 실제로 0%에 가까운 이자를 준다. 은행들은 그래도 된다. 자기가 자기에게 그래도 좋다는 허락은 내렸으니까.

그래도 은행한테 좋은 일 하나 더 해 주고 싶다면 돈을 적금 통장에 넣어라. 이자가 인플레이션을 따라갈 정도는 되니까. 반만 죽은 자본인 셈이다. 부자는 못 되겠지만 적어도 불입한 돈보다 적은 금액을 받지는 않을 것이다. 현재 상황에서 그리 나쁜 결과는 아니다.

어쨌든 노후 대책을 세우려면 적금 통장은 필수다. 채권 몇 장에 생명보험도 하나쯤 있어야 한다. 지금의 약속처럼 풍성한 내일이 열리지는 않겠지만 별 볼일 없는 인생을 마감하고 적어도 죽은 다음에라도 가치 있는 존재일 거라는 느낌도 크게 나쁘지 않을 것이다.

하지만 진짜로 자본을 한번 굴려보고 싶다면 좀 대담해질 필요가 있다. 예로부터 한몫 크게 잡는 방법은 도박뿐이다. 주식을 하거나 카지노에 가야 한다. 양쪽 다 이윤의 가능성은 거의 같지만 룰렛 탁자는 문명화된 사회에만 있다는 게 다른 점이다. 물론 카지노에는 주식 시장보다 더 엄격한 규칙이 적용된다. 돈을 잃기는 하지만 합법의 틀 안에서 잃는 것이다.

주식은 겁 없는 사람들을 위한 투자 방법이다. 주식이란 원칙적으로 가상의 수치이며, 등락의 곡선 역시 수요와 공급이라는 비현실적 요인으로부터 발생한다. 물론 현실적인 전문 노름꾼들도 수요와 공급에 영향을 미칠 수 있다. 사실 주식 거래가 사기 도박 카드로 노름하는 포커 판 수준에 이른 것도 다 그 때문이다. 이처럼 그 동안 주식 시세가 기업의 생산성이나 전망과는 아무 상관이 없어져 버렸는데도 월스트리트가 여전히 세계 경제의 바티칸으로 추앙받고 있는 걸 보면 그저 놀란 입이 다물어지지 않는다. 똑똑하기 그지없다는 정치가와 기업 경영인들, 경제 전문가들이 아직도 시장 안정화의 확실한 도구를 못 만들어 낸 걸 보면서 우리는 어쩔 수 없이 그들의 능력에 대해 슬픈 결론을 내릴 수밖에 없다.

몇몇 멍청한 기업의 주식이 급락할 거라는 건 안 봐도 뻔하다. 하지만 정말 건강하고 이익도 많이 내는 기업에다 돈을 투자하고도 나쁜 일을 겪을 수 있다. 그 기업이 몇 년 동안 끝나지 않는 재판에 휘말려 있거나 말도 안 되는 소송 때문에 수백만 달러를 물어주고 결국 완전히 파산하게 되는 경우다. 미국 변호사들은 무슨 꼬투리를 잡아서라도 꼭 희생자를 만들어 배상을 받아내고야 만다. 법정이란 눈 뜬 장님일 뿐만 아니라 우둔하기까지 하다는 사실을 오래 전에 간파해 버렸다.

미국에선 자기가 너무 담배를 많이 피웠고 너무 많이 술을 퍼마셨고 너무 많이 먹었다는 사실을 증명할 수만 있으면, 심한 흡연으로 인한 다리 혈관 협착이나 간경변증, 콜레스테롤 수치로 수백만 달러를 벌 수 있다. 우리나라에서 만약 어떤 사람이 자신을 감자 튀김 중독으로 몰아넣은 한 레스토랑을 고발했다면 바로 정신 병원으로 끌려 들어갈 것이다. 아직까지도 담배 연기나 위스키, 스테이크의 몸속 유입은 철저히 개인의 자유 의지에 의한 것이라는 의견이 팽배하기 때문이다. 그러나 미국에서는 모든 정신질환자가 그 원인 제공자를 고발할 수 있다. 담배 산업체들은 이미 수십억 달러를 배상금으로 지불했다. 요즘엔 패스트푸드 체인점들이 그 뒤를 잇고 있다. 위스키 제조업체들이 이미 변호사들의 리스트에 올라 있고, 다른 업계 역시 혹시나 하는 마음에 가슴을 졸이고 있다. 일생 동안 단 것으로 배를 채운 남자가 당뇨병에 걸리고도 재판에서 패소했다. 원인이 뭘까? 변호사가 시원치 않아서? 누가 알겠는가?

어떤 남자가 아침에 술에 취해 운전을 하다가 나무를 들이받았다면 그는 아래의 네 곳에 소송을 제기할 수 있다.

1) 코냑 제조업체

2) 술 취한 상태에서 사고를 일으킬 수 있도록 자동차를 생산한 기업

3) 나무를 그가 지나가는 자리에다 심도록 허락한 공무원

4) 그 같은 바보한테 자동차 운전 면허증을 교부한 운전학원

이 모든 행위들이 건실한 기업을 나락으로 이끌 수 있다. 그렇게 되면 그 기업의 주식은 가치가 없어질 것이고 그 여파는 다시 그 주식을 산 투자자들에게 미칠 것이다.

그러니 주식을 사야 할까, 말아야 할까? 주식을 살 때마다 결정하기가 정말 힘들다. 그래서 날이 갈수록 투자 상담사들의 전문적 도움을 구하는 사람들이 늘어나고 있다. 대다수의 상담사들은 증권거래소의 의자에 죽치고 앉

아 고객들에게 수익 높은 각종 투자 펀드를 권하는 게 일이다. 특히 진지한 상담사들은 고객이 구입을 할 때 펀드 역시도 등락이 있을 수 있다는 점을 시시콜콜 설명해 준다. 그러니 그렇게 고심 끝에 결심한 바로 그 펀드가 오르락내리락조차 한 번 해 보지 못하고 줄기차게 '내리막 길'만 탈 수밖에.

개인 투자 상담사 역시 각종 서비스를 제공하면서 꿈의 이익을 약속한다. 물론 그런 이익은 가능하다. 특히 투자 상담사들한테는. 그가 고객의 돈을 전부 챙겨 제때 카리브 해로 날아 갈 수만 있다면 막대한 고수익이 보장되지 않겠는가.

개중에는 너무나 진지한 투자 상담사들도 있다. 그들은 진지한 얼굴로 열심히 그리고 성실하게 일한다. 하지만 그건 좋은 신호가 아니다. 빠르게, 확실하게 부자가 되는 법을 알고 있다면 왜 그 상담사는 아직도 사무실에 앉아 일만 하고 있겠는가?

불안한 사람들은 주식을 구입할 때 각종 경제 서적을 뒤져 정보를 모은다. 실제로 꽤 쓸 만한 정보를 책에서 건지는 경우도 적지 않다. 특히 행간을 읽을 줄 아는 독자라면 말이다. 많은 사람들이 분석가들의 판단을 신뢰한다. 특히 어떤 주식을 사야 할지, 시세가 어느 정도 됐을 때 시장에 동참해야 할지 결정을 못 내린 사람들이라면 당연히 분석가들에게 의지할 수도 있겠다. 하지만 분석가들 역시 아카시아 잎사귀를 따서 "오른다 내린다 오른다 내린다……."를 반복하니 잎사귀를 떼어 내기는 마찬가지다. 분석가들이란 그저 재계의 벼룩과 같은 존재들이다. 별로 중요하지는 않지만 민감한 부분에 가려움증을 유발할 수 있다. 혹여 분석에 실패한 분석가들이여 너무 걱정하지 마시라. 책은 안 팔려도 기상청에 가면 아직 일자리를 구할 수 있을 테니.

어찌 되었건 노후를 주식에 의존한다는 건 너무 위험한 게임이다. 특히 남자들은 하루라도 빨리 주식에서 손을 떼는 것이 좋다. 최근의 연구 결과에 따르면 집에서 살림만 하는 주부들이 전문가인 남자들보다 훨씬 투자를 잘 한다고 한다. 물론 주부들보다 더 높은 수익률을 올린 생명체가 있다. 바로 침팬지다. 이 사회의 많은 사람들이 가난의 굴레에서 벗어나지 못하는 이유 는 침팬지를 기르는 집이 극소수에 불과하기 때문이다. 나이가 들면 상황은 더 나빠진다. 몇 십 년 후가 되면 국가가 노인들에게 연금을 지불하지 못할 상황이 도래할지도 모른다. 오히려 노인들한테 정부를 먹여 살리라고 우길 지도 모른다.

망설이지 마라. 침팬지를 구입하는 것이야말로 일생 일대 최고의 투자가 될 것이다.

원래 그의 이름은 파블로 디에고 호세 프란시스 데 파울라 후안 네포무세노 마리아 데 로스 레메디오스 시프리아노 산티시마 트리니다드 루이스 이 피카소이다. 하지만 이 이름으로 사인을 했다가는 캔버스에 그림 그릴 자리가 없을 판이라 이름의 대부분을 삭제했다. 이런 그의 '최소화'의 결과로 미니멀리즘이 탄생됐다. 하긴 그는 유파를 가리지 않았다. 초현실주의건 표현주의건, 공산주의건, 섹시즘(Sexism)[1]이건.

천재적 마초 피카소는 애정 행각에 공을 들이는 한편으로 예술에도 큰 관심을 보였다. 그가 그린 작품은 총 2만 5,000점이었지만 그건 오늘날 미술관과 갤러리, 개인 소장품으로 발견되고 있는 피카소 작품의 극히 일부에 불과하다. 피카소는 그림에 사인하는 걸 자꾸 잊어버렸고 또 가끔씩은 위조품에다가도 사인을 했다. 이런 그의 행동이 장차 미술 시장에 큰 동요를 일으킬 것으로 예상된다.

결국 천재적 예술가는 인생을 망치고 말았다는 깨달음을 얻을 수밖에 없었다. 엄청난 부자가 되고 말았기 때문이다. 그의 소원은 단 하나였다. "난 돈 많은 가난한 사람처럼 살고 싶어."

그의 성공 비결: 상표가 된 이름

---

1) 성차별주의. 이는 성에 따른 남녀 역할을 다르게 규정하고 있는 성역할 고정 관념과 밀접한 관계를 맺고 있다. 남성이 여성보다 생물학적으로 우월하기 때문에 남성을 더 중요한 존재로 인정한다. 이런 이론은 남성이 여성을 지배하는 것이 자연스럽다는 믿음을 지지하는 견해나 행동, 정책과 언어 등의 체계로 나타난다.

가치 있는 투자

행복은 취향에 달려 있다
―라 로슈푸코(La Rochefoucauld)[1]

　사랑으로 행복하고 직장에서 성공하고 은행에는 돈이 가득하고……. 누구도 거부하지 못할 안락한 인생이다. 하지만 명심해라. 무(無)에서는 무(無)밖에 나오지 않는 법이다. 항상 투자가 있어야 결실이 있는 법! 돈이건 섹스건, 근면이건 재능이건 하다 안 되면 힘이라도 기폭제가 될 만한 것은 무엇이건 투자를 해야 한다. 투자의 종류는 원하는 것에 따라 달라진다. 목표에 따라 투자의 종류도 다른 법이니까. 젊은 남자가 직장에서 성공하고 싶다면 사장 딸이랑 결혼하는 게 최고다. 하지만 사랑으로 행복하고 싶다면 혼자 사는 게 최고다. 물론 둘 중 사장 딸하고 결혼하는 편이 더 나은 선택일

---

1) 1613~1680년. 귀에 거슬리고 역설적인 진실을 경구로 간결하게 표현하는 프랑스 문학 형식인 잠언(Maxime)의 대표적인 작가이다. 주요 작품으로는 『도덕에 대한 성찰과 잠언(Reflexions ou sentences et maximes morales)』이 있다.

듯하다. 일단 성공만 하고 나면 주변에 진한 사랑을 나눌 여자들이 우글거릴 테니 말이다.

하긴 사랑과 성공을 동시에 거머쥐는 지름길이 있기는 하다. 사장하고 바로 침대 속으로 들어가면 된다. 하지만 이런 방법에는 심각한 난점이 있다. 대부분의 권력가들은 아끼는 젊은 애인을 사람들 많이 모인 자리에 내놓고 싶어 하지 않는다. 상류층이라고 해서 동성애 성향이 사이클 선수나 아파트 경비, 성직자들보다 드문 건 아니지만 보스들은 의심받을 만한 짓은 될 수 있는 대로 피하고 싶어 하기 때문에 애인을 절대 대변인이나 후계자로 지목하지 않는다. 그러니 당연히 출세도 없을 것이고 시간과 노력을 투자한 보람은 물거품이 되어 사라지고 말 것이다.

여자들의 경우 여러 모로 남자들보다 힘겹다. 남자들은 자기보다 출세한 여자를 보면 "몸 팔아서 출세했다."고 우긴다. 그러나 그건 실패한 인생들의 구구한 변명일 뿐이다. 사방팔방 값싸게 구는 여자들은 기껏해야 회사의 꽃 노릇은 할 수 있을지 몰라도 절대 간부급 인사는 못 된다. 여자가 출세를 했다면 그건 열이면 열 자력으로 일구어 낸 성공이다. 엉덩이의 힘은 출세에 그리 큰 효과를 발휘하지 못한다.

물론 여자들에게도 사장하고 결혼하는 방법이 있기는 하다. 하지만 그렇게 되면 여사장이 아니라 사장의 아내가 된다. 성공하고는 거리가 멀어지는 것이다. 매력과 섹스를 투자하여 배당금을 한 푼도 못 건지는 경우다. 또 늙은 백만장자의 열정은 이탈리아 수영 국가 대표의 열정과는 천양지차다. 두 사람 다 하룻밤의 정사(One-Night-Stand)를 바라지만 후자의 경우 매일 출근 도장을 찍는 반면 전자는 연중행사다. 더구나 부자들은 자기 재산이라면 두 눈 부릅뜨고 지킨다. 아내도 두 눈 부릅뜨고 지킨다. 그러니 정원사나 기사를 부릴 수는 있지만 콰지모도보다 더 낫게 생긴 젊은 남자를 고용했다가는 그 날로 부부 싸움이다. 늙은 백만장자와의 결혼에서 제일 나쁜 점은 만기 기한이 언제인지 확실치가 않다는 것이다. 꼴 보기 싫은 인간일수록 염라대왕이 안 잡아가는 법이니, 몇 년씩 휘청거리는 다리로 젊고 아름다운 아내를 휘감고 놓아줄 줄 모를 것이다.

슬픈 사실이지만 결혼을 통해 여자가 성공이나 행복을 얻는 경우는 거의 없다. 혹시 부자가 될 수는 있겠다. 하긴 그 정도면 투자금 정도는 회수했다고 봐야겠지만. 그나마 다행인건 우리 인생에는 섹스와 성공과 돈 말고도 열정과 꿈을 투자할 만한 아름다운 것들이 얼마든지 있다는 사실이다. 하긴 인생사란 뱀 제 꼬리 물기라서 결국 결론은 다시 섹스와 성공과 돈으로 귀착되고 말지만, 가끔은 길이 목표보다 더 아름다울 수도 있는 법이다.

이윤도 많이 내고 행복도 안겨 주는 투자 기회는 여러 분야에서 찾아볼 수 있다. 많은 사람들이 말 잔등에 앉아 있으면 행복하다고 한다. 그 리듬 감각 때문이다. 하지만 말을 기르는 건 노동집약적이고 돈이 많이 들며, 따라서 멍청한 취미다. 그 보다 더 멍청한 짓은 말이 너무 좋다는 이유 하나만으로 경마에 참가하는 것이다. 아무리 말이 네 발굽으로 달려도 반드시 행운을 안겨 주지는 않는 법이다. 계속 잃기만 하다가 처음으로 말 덕분에 몇 푼 안되는 돈을 손에 쥐어 보게 되는 때는 바로 말이 늙어 소시지 공장으로 가는 시점이다. 꼭 동물을 키워야겠다면 차라리 투견을 키워라. 개 사진과 함께 '개조심'이라고 써서 문에 붙여 놓으면 감히 어떤 외판원도 초인종 누를 생각을 못할 것이다.

부동산으로 한몫 잡아 보겠다고 마음먹은 사람이라면 특히 부동산의 위치에 주의를 기울여야 한다. 가까운 장래에 고속도로나 고속철, 공항이 생길 계획이 잡혀 있는 곳이라면 그야말로 금싸라기 땅이다. 하긴 그런 금싸라기 땅이 우리한테까지 돌아올 턱이 없다. 투기꾼들, 건설업체, 공무원들이 항상 한발 앞서 움직일 테니까.

미에 대한 감각이 있는 사람이라면 미술품에 투자해 보는 것도 나쁘지 않다. 자고로 예술이란 세월이 흐를수록 가치가 높아지는 최고의 투자 목록이니까. 미술품을 수집하면 거실 벽에 도배를 할 필요가 없다. 얼룩이 생길 때마다 세잔을 걸지, 드가를 걸지만 고민하면 된다. 하지만 미술품 투자에도 문제점은 있다. 현대 미술품은 대부분 크기가 엄청나고 부피도 만만치 않은 데다가 예쁘지도 않고, 심할 경우 구역질이 날 수도 있다. 공공 주차장이나 공장 회의실에다 두면 딱 좋을 것을 거실에다 놓아두자니 소파에서 식탁까지 가는 길이 험난한 가시밭길로 변해 버린다. 또 불쾌한 소음을 내거나 빛이 번쩍거리는 작품은 물론이고 아예 모니터로만 만들어진 작품도 있다. 그러니 차라리 그 옛날의 보이스(Joseph Beuys)[2]가 다시 그리울 밖에! 목욕탕 욕조에 식용유지 몇 숟가락 풀어 두면 성공적인 작품은 못 되겠지만 적어도 집안이 조용하기는 할 것 같다. 더구나 현대 미술품은 가격이 너무 비싸다.

---

2) 1921~1986년. 독일의 전위 조각가이며 행위미술가. 비정통적인 재료들과 의례적인 행위가 특징적인 작품들로 많은 논쟁을 불러일으켰다. 가장 잘 알려진 그의 행위미술 작품 가운데 하나인 「죽은 산토끼에게 그림을 설명하는 법(How to Explain Pictures to a Dead Hare)」에서는 머리에 벌꿀과 금박을 뒤집어쓴 채 한 쪽 발에는 펠트, 다른 쪽 발에는 쇠로 창을 댄 신발을 신고 약 2시간 동안 미술관을 돌면서 자신이 안고 있는 죽은 산토끼에게 미술관 안의 미술 작품들을 조용히 설명했다. 그의 미술은 강박 관념과 불안의 특성을 보이며 예술 혁명과 사회 혁명을 연결시키고 있다는 점에서 독일 표현주의 작품과 비교되기도 한다.

갤러리스트나 경매장, 미술 전문가들로 구성된 국제 조직이 제멋대로 부른 가격은 정말 후안무치의 수준이다. 그러니 정신이 제대로 박힌 인간이라면 정식 미술 시장은 될 수 있는 대로 피하는 게 좋다. 쓰레기 재활용품 보관소에서 훨씬 더 멋진 작품을 건질 수도 있을 테니까.

보수적이라는 비난에도 눈 하나 깜짝하지 않고 한 가지 유파만을 고집하는 미학자들은 옛 거장들의 작품 수집에 열을 올린다. 다만 이 위대한 이름들이 작은 지갑의 한도를 넘어서니까 그게 문제다. 더러운 술집에서 웬 낯선 남자가 다가와 할아버지한테 물려받은 집안 가보인데 돈이 급해서 팔려고 한다며 내놓는 작품은 십중팔구 도난품이거나 위조품이다. 벼룩시장에서 우연히 건진 명화도 마찬가지다. 하기야 박물관에 걸려 있는 거의 모든 미술품은 누군가가 훔쳐 판 것이고 전문가들의 견해에 따르면 박물관 소장품의 50% 이상이 위조품이라고 한다. 고대 로마인들부터가 그리스의 작품을 위조했으니 이 부문에서만은 오랜 전통이 지켜져 왔다고 보아야 할 것이다.

진짜 걸작을 손에 넣게 될 기회는 자주 오는 게 아니다. 그렇다고 희망을 접어서는 안 된다. 조심조심 할머니네 집 지하실을 뒤져 봐라. 먼지를 둘러쓴 레오나르도 다빈치의 대작이나, 할머니가 식탁 색깔하고 안 어울린다고 지하실에 처박아 둔 히에로니무스 보스(Hieronymus Bosch)[3]를 발견하게 될지 누가 알겠는가. 언제 어디서든 그런 일은 일어날 수 있으니 그 정도 고생

3) 1450~1516년. 네덜란드의 화가. 중세 후기의 뛰어난 독창적 화가로 복잡하고 개성적인 양식의 특이한 도상학으로 유명하다. 주요 작품으로는 「바보의 치료(The Cure of Folly)」, 「7가지 큰 죄(The seven Deadly Sins)」, 「성 안토니우스의 유혹(The Temptation of St. Anthony)」, 「쾌락의 동산(Garden of Earthly Delights)」 등이 있다.

쯤은 기꺼이 감수해야 한다. 최근에 어디선가 버려진 아이가 발견됐는데 유전자 검사를 해 보니 아버지가 페터 파울 루벤스여서 순식간에 양부모가 나타나 기꺼이 7,700만 유로를 내놓는 사건도 있었지 않은가.

금과 보석도 인기 높은 투자 품목이긴 하지만 그림만큼 안정적이지는 않을 것 같다. 금 시세는 웬만한 위기 상황에도 좀처럼 급등할 줄 모르고, 드비어스가 다이아몬드 거래를 틀어쥐고 있던 손을 풀면서 믿을 만한 다이아몬드 구하기도 힘들어졌다. 러시아인들이 너무 많은 다이아몬드를 시장에 풀거나 아시아인들의 다이아몬드 구매량이 너무 적어지는 경우 다이아몬드 업계의 민심은 금방 흉흉해질 수 있다. 거기다 보석이란 것이 원래 보석 가게에서 나오는 순간—제일 잘 받아야—반값으로 떨어지고 마는 물건이다. 그런데도 보석을 투자 품목에 포함시키는 이유는 보석이 행운과 성공에 큰 기여를 하기 때문이다.

또 보석은 여성을 더 행복하고 더 아름답게 만들어 주고 그를 통해 더 많은 섹스의 기회를 선사해 준다. 남자들은 보석을 몸에 지닐 필요는 없지만 여성에게 선물을 하는 것으로 더 많은 섹스의 기회를 얻을 수 있다. 또 보석을 부적으로 몸에 지니면 사소하게 골치 아픈 일쯤은 저절로 해결되는 것은 물론, 행복과 사랑, 성공과 돈, 권력이 한꺼번에 몰려온다. 크게 비싸지 않은 녹주석(Beryl) 같은 보석도 이런 용도로 충분히 사용할 만하다. 5세기에 나온 『다미거(Damiger)』에서 이렇게 충고한 것처럼.

녹주석을 가져다 까마귀 그림을 새기고 까마귀 발 밑에 바다가재를 새긴 후 노란 주나무 조금, 새의 심장 조금을 돌 밑에 묶어서 마음대로 들고 다녀라!

운명의 역풍을 막아 내는 방법이 이렇게 간단할 줄이야!

행복과 성공은 옷차림으로도 얻을 수 있다. 그렇다고 고무나, 가죽 옷, 뾰족하게 튀어나온 목걸이로 몸을 괴롭히거나 가면을 뒤집어쓰라는 말은 아니니 너무 고민하지 마시라. 요즘엔 그런 것들이 유행이라지만 내가 말하는 옷차림은 편안한 스포츠 웨어다. 물론 아직까지도 사무실에서 그런 옷을 입자면 팽배해 있는 편견에 맞서 가열차게 투쟁을 벌여야 하겠지만.

여성들의 경우는 특히 더 힘이 든다. 여자는 일단 외모로 판단되는 것이 일반적이고 또 자연의 법칙이니까. 남자들만 그런 게 아니다. 솔직히 남자들 보기에 좋으려면 아예 옷을 걸칠 필요가 없다. 여자들끼리도 외모만 보고 상대 여성을 판단하기 일쑤다. 때문에 직장 여성들은 매력적이고 쿨하고 능력 있어 보이면서도 상대방에게 공포를 유발하지 않도록 적절한 배합에 힘을 써야 한다. 그래서 대부분 소위 비즈니스 정장이라 불리는 하품 나는 따분한 재킷과 바지에다 마지못해 몸을 쑤셔 넣는다. 색깔도 어두운 베이지, 회색 아니면 도저히 이름을 붙일 수 없는 정체 불명의 애매한 색상들이다.

남자들이라고 문제가 없는 것은 아니다. 그놈의 넥타이란 것을 매야 하는데, 넥타이는 건강에 좋은 것도 그렇다고 미적으로 아름다운 것도 아닌 도무지 쓸모 없는 물건이다. 바퀴벌레도 따져 보면 존재 이유가 있는 것이 만물의 이치이거늘 유일하게 존재 이유를 알 수 없는 물건이 있다면 바로 넥타이다. 여왕과 조찬을 하다가 실수로 흰 셔츠에 국물을 흘렸다 해도 넥타이보다는 덜 꼴불견일 것이다.

앵글로색슨족이 사는 지역에선 한때 넥타이에게 존재 의미를 선사하려는 노력이 있었다. 일정한 무늬나 색깔로 넥타이 주인의 클럽 가입 여부나 교육 수준을 표시해 보려고 했다. 하지만 굳이 그런 성가신 방법을 사용해야 할 필요가 있었을까? 훨씬 간단한 방법이 있다. 그냥 신사복 상의에다 'OX'라고 쓰인 작은 명찰만 붙이면 온 세상이 그 옷을 입은 사람이 옥스퍼드 졸업생이란 걸 알아차릴 것이다.

넥타이 말고도 양복을 입어야 한다는 문제가 또 있다. 아르마니, 제냐, 키톤이니 하는 유명 메이커로 주변 사람들의 기를 확 꺾을 수는 있지만, 문제는 양복이란 것이 상표를 빼고 나면 통 쓸모가 없다는 것이다. 아무리 위대한 패션가들의 천재성도 만인의 장점을 살려 주지는 못하는 법이다.

요즘 들어 패션 업계의 사장들이 한숨을 섞어 가면서 "남자들이 양복을 안 입는다."고 한탄하는 이유도 아마 그 때문일 듯하다. 하지만 기다려라. 얼마 안 있어 신상품이 패션 시장을 석권할 테니. '지능을 갖춘 옷!'이라는 인류의 원대한 꿈이 마침내 실현될 날이 멀지 않았다. 지금까지 우리는 재킷과 바지의 지능을 특별히 높이 평가하지 않았다. 하지만 얼마 안 있어 입고 있는 셔츠와 내기해서 이겼다고 좋아하게 될 날이 올 것이다. 주인의 필요에 따라 냉기와 온기를 내 뿜고, 윙크를 하면 색깔이 바뀌며, 아무리 땀을 많이 흘려도 냄새가 나지 않는 섬유는 이미 오래 전에 개발을 마쳤다. 이제 건강은 안심하고 옷장에게 맡겨도 좋을 것 같다. 일본에선 몸에 비타민을 공급하는 티셔츠가 개발됐고, 파자마가 당뇨병 환자에게 필요한 인슐린을 공급하고, 위급한 경우 잠옷이 119에 전화를 걸어 준다. 매사추세츠공과대학(MIT)의 미디어 실험실에서는 장님이 앞을 볼 수 있고 귀머거리가 들을 수 있도록 만들어 줄 섬유를 개발중이다. 프랑스에서는 소매에 꿰매 붙일 수 있는 섬유 모니터를 구상중이다. 반대편 소매에 전화를 연결하면 조깅을 하면서도 사무실을 전부 가지고 다닐 수 있게 된다.

이것들은 섬유 업계가 우리에게 제공할 수 있는 다양한 기능 중 극히 일부에 불과하다. 분명 지능을 갖춘 옷은 상당 기간 대히트 상품으로 기록을 경신할 것이다. 그것이 미칠 사회·정치적 파장에 대해선 아직 짐작이 불가능하다. 사장이 홍보부 부장 대신 와이셔츠하고 마케팅 전략을 의논하는 날, 아마도 인간의 진짜 비극이 시작되지 않을까. 어쨌든 한 가지만은 확실하다. 옷이 투표권을 얻지는 못할 것이다. 정치가들은 투표 날 지능이 발휘되는 걸 좋아하지 않을 테니까.

여성들 역시 비키니하고 쇼펜하우어에 대해 토론할 날을 손꼽아 기다리고 있다. 하지만 그 날이 올 때까지 가만히 앉아 기다릴 수만은 없는 법, 좀 지능이 떨어지긴 하지만 그래도 디자인만 괜찮다면 현재 백화점에 걸려 있는 옷들도 기꺼이 사줄 용의가 있다. 여가 시간 활용 순위에서 쇼핑은 섹스와 TV, 기저귀 갈기를 물리치고 단연 선두 자리를 차지하고 있다. 왜 그럴까? 학자들도 인정했듯 쇼핑은 사람을 행복하게 해 준다!

물론 우리 같은 보통 사람들은 너무 우아해서 제대로 쳐다볼 수도 없는 유명 상표들을 마음에 든다고 전부 척척 사댈 처지가 못 된다. 하지만 요즘엔 워낙 세일들을 많이 해서 웬만한 상표 정도는 백화점이나 마트에서 괜찮은 가격에 살 수 있다. 심지어 운만 좋으면 탑 레벨 한정 판매 세일에 참여할 수 있는 영광을 누리기도 한다.

물론 그런 특별 세일이 자주 있는 건 아니다. 하지만 동네 옷가게 옷으로도 멋진 몸매를 연출할 줄 아는 똑똑한 여자들이라면 애들처럼 유명 메이커에 목을 맬 이유가 없다. 꼭 유명 메이커가 탐이 난다면 상상력에게 약간의 도움을 청할 수도 있겠다. 체크만 있으면 세상 모든 옷은 버버리의 제품이 되고 최악의 경우 빈 팝콘 봉지도 켈리 백이라 부를 수 있을 테니까.

무엇을 사건 쇼핑은 행복을 선사한다. 쇼핑의 결과 계좌 상태가 심각한 우울증을 야기한다 해도 또 다른 물건을 사서 그 우울증을 쫓아내면 그 뿐이다. 너무너무 행복해서 쇼핑을 하고 싶은 욕구가 도저히 안 생길 때도 이런 약한 마음을 얼른 지우려고 노력해야 한다. 쇼핑은 해피 메이커일 뿐 아니라 인간의 의무이기 때문이다. 경기 침체가 그 음험한 팔을 온 나라로 뻗칠 때마다 경제 전문가의 머리 속에서는 내수 진작 밖에는 다른 단어가 안 떠오른다. 그리고 나면 정부는 어려운 시절이 닥쳐도 경제가 완전히 절망하지 않도록 국민들에게 제발 소비의 도가니에 빠져달라고 애원을 해 댄다.

솔직히 소비 정신을 향해 외쳐대는 이런 호소는 말도 안 되는 한심한 유머라고 밖에 생각할 수가 없다. 돈이 없어 죽겠는데 더 나은 미래를 살 돈은 어디서 구할 수 있겠는가? 하지만 이런 호소를 자주 듣다보면 정계와 재계의 외계인들이 소문과 달리 별 볼일 없는 소시민들에게도 관심이 많다는 것을 알 수 있다. 어쨌든 구매력 속에는 많은 실존적 질문의 해답이 들어 있다. 인간은 본성상 소비에 재능이 있는 생명체이다. 철학자의 말을 흉내내 보면 '나는 존재한다. 고로 소비한다!' 고로 인간의 사명은 경제 요인이라는 자신의 도덕적 의무를 다하는 데 있는 것이다.

이 책을 마치는 지점에서 좀 뜻밖의 결과이긴 하지만 줄기차게 인간을 괴롭혀 온 인간 실존의 의미와 목표를 마침내 찾을 수 있게 되었다.

페터 오르토퍼 · Peter Orthofer

페터 오르토퍼는 베를린에서 태어나 빈에서 자랐다. 그래서 베를린의 거짓말과 빈의 입담이 절묘하게 결합된 이상적인 인간이 되었다. 젊은 시절에는 여러 부문에서 전도유망한 차세대 주자였다. 디스크자키, 철학과 대학생, 서정 시인, 풍자가 등. 하지만 많은 재능을 억누르고 카바레로 들어가 이 분야의 비밀스런 최고령자로 마음껏 끼를 발산하고 있다.

아주 특별한 경우에 한하긴 하지만 고맙게도 그에게도 무대에 오르는 기회가 주어진다. 이런 행복한 운명에도 그림자가 있으니, 더 많은 시간을 글을 쓰면서 보내야 한다는 것이다. 게다가 장르를 가리지 않고 광고 문안이나 크리스마스 노래, 소설에서 뮤지컬에 이르기까지 건드려 보지 않은 것이 없었다. 그 결과는 당연히 나빴다. 자고로 작가란 한 우물만 파야 하는 법. 그리샴은 정의 담당이고, 킹은 호러 전문이며, 한트케(Peter Handke)[1]는 따분함이 전공 분야다. 새로운 것의 유혹을 이기지 못한 작가는 확정된 캐릭터를 얻을 수 없는 법이다.

이런 그의 직업관을 굳이 들먹이지 않더라도 오르토퍼는 늘 인간 사회의 가장자리에서 살아왔다. 조용하고 우울한 이 예술가는 운전 면허증도 없고 넥타이도 안 매고 연금을 청구하지도 않는다. 가진 거라곤 '교수'라는 명패밖에 없는데 그나마 연방 대통령이 그에게만 수여한 것도 아니다. 그에게서 유일하게 건질 것이 있다면 담배와 리오하를 다량 섭취하여 이 슬픈 운명을 조기에 종식시키려 노력하고 있다는 점이다.

그의 성공 비결: 수많은 독자들

1) 오스트리아의 전위적 극작가 · 소설가 · 시인 · 수필가. 그는 대표 희곡인 「관객모독 (Publikumsbeschimpfung)」을 통해 반(反)전통주의 작가로 주목을 끌기 시작하였다. 주요 작품으로는 「페널티 킥을 앞둔 골키퍼의 불안(Die Angst des Tormanns beim Elfmeter)」, 「왼손잡이 여인(Die linkshandige Frau)」 등이 있다.

행복하려면 성공하지 마라

첫판 1쇄 인쇄 2004년 11월 19일
첫판 1쇄 발행 2004년 11월 26일

지은이   페터 오르토퍼
옮긴이   장혜경
펴낸이   장세우

편집장   김분하
편 집   정미정, 장영호
디자인   황진희

펴낸곳   (주)대원사
주 소   140-901 서울시 용산구 후암동 358-17
전 화   (02)757-6717(대)
팩시밀리 (02)775-8043
등록번호 등록 제3-191호
홈페이지 www.daewonsa.co.kr

값 8,500원

ISBN 89-369-0989-4 13320